그대 그리움이 여울질 때는
あなたの瞳を見つめていたら

그대 그리움이 여울질 때는
あなたの瞳を見つめていたら

지은이 이남교
펴낸이 임준현
펴낸곳 넥서스BOOKS

초판 1쇄 인쇄 2002년 11월 7일
초판 1쇄 발행 2002년 11월 12일

출판등록 2001년 6월 28일 제8-337호
122-043 서울시 은평구 불광동 484-141
Tel:(02)380-3800 Fax:(02)380-3801

ISBN 89-89778-15-8 03810

가격은 뒤표지에 있습니다.
저자와의 협의에 따라 인지는 생략합니다.

www.nexusbook.com

이남교 시집

## 그대 그리움이 여울질 때는
あなたの瞳を見つめていたら

넥서스BOOKS

이 글을 이땅의 모든 아이들을 사랑하는
학부모님께 바칩니다.

| 차례 |

이남교 시집에

# 1 들에 핀 꽃처럼 野に咲く花のように

들에 핀 꽃처럼 | 野に咲く花のように   16·17
처음 본 순간 | 初めて見た瞬間   18·20
들꽃 하나 | 野の花一本   22·23
싱그런 아침 | 清々しい朝   24·25
밝은 미소 | 明るい微笑   26·27
알고 싶습니다 | 知りたいのです   28·30
그대를 보면 | あなたを見れば   32·33
사랑하는 이여 | 愛する人よ   34·35
바램 | のぞみ   36·38
가을비 | 秋雨   40·42
솔바람 | 松風   44·46
그대 생각 | あなたへの想い   48·50
산뜻한 미소 | 爽やかな微笑   52·53
사랑만 있다면 | 愛さえあれば   54·55
여로 | 旅路   56·58

## 2 그대 사랑이라면 あなたの愛ならば

청순한 꽃처럼 | 清純な花のように　62·64

님의 이야기 | あなたの話　66·67

고귀한 그대 | 高貴なあなた　68·70

그대로 인한 평화 | あなたによる平和　72·73

창문을 여는 날 | 窓を開ける日　74·76

함께하는 시공 | 共にする時空　78·79

님의 눈을 보고 있노라면 | あなたの目を見つめていたら　80·81

나의 님이여 | 私のあなた　82·84

첫눈 | 初雪　86·88

사랑하는 그대 | 愛するあなた　90·92

그대 사랑이라면 | あなたの愛ならば　94·95

안개꽃 | かすみ草　96·98

그대 생각할 때면 | あなたを想って　100·102

비 내리는 날 | 雨の降る日　104·105

날이 갈수록 | 月日が経つほど　106·108

님이 곁에 있는 밤 | あなたがそばにいる夜　110·112

기분 좋은 날 | 気持ち良い日　114·115

## 3 나의 빈 가슴에 私の空っぽの心に

기도 | 祈り  118·119

어두운 밤에 | 暗い夜に  120·121

간절한 밤 | 切ない夜  122·124

상념 | 想念  126·128

두려움 | 不安  130·131

해 저녁 오솔길 | 日暮れのさびしい細道  132·133

방황하는 밤 | 彷徨する夜  134·136

아침 미소 | 朝の微笑  138·139

마음 | 心  140·142

나의 빈 가슴에 | 私の空っぽの心に  144·146

외로운 밤 | 寂しい夜  148·149

그대 곁으로 | あなたのそばへ  150·151

그대의 이슬 | あなたの雫  152·154

스러지는 날에 | 消え失せる日に  156·158

바닷가에서 | 海辺で  160·162

석양 | 夕陽  164·166

## 4 물처럼 그렇게 水のように

송림사 | 松林寺　170 · 171

명봉 | 明峰　172 · 174

대왕능 | 大王陵　176 · 178

낙엽 소리 | 落葉の音　180 · 182

그 옛날 그대로 | その昔のままに　184 · 186

물드는 산하 | 染まる山河　188 · 189

바라만 보는 산 | 眺めるだけの山　190 · 192

아침 강가 | 朝の河畔　194 · 196

물처럼 그렇게 | 水のように　198 · 200

바람 부는 날 | 風の吹く日　202 · 204

허수아비 | 案山子　206 · 207

구름 | 雲　208 · 210

가을 사랑 | 秋の恋　212 · 213

어두움이여 | 闇よ　214 · 215

사는 날까지 | 死ぬ日まで　216 · 218

흐르는 시간이여 | 流れる時間よ　220 · 222

| 이남교 시집에 |

# 영원한 명제의 시화

姜 南 周(釜慶大 총장·詩人)

李南敎 시인을 만난 것은 우연이었다. 일본 후쿠오카 총영사관에서 교육문화 담당영사로 근무하고 있는 그를 만나게 된 것은 공식적인 일에서 비롯되었다. 그런 그가 필자가 일본에서 주관하는 학술행사에 참석해 축사를 끝낸 뒤 이야기를 나누면서 시집 출판을 준비중이란 말을 했다. 그와 필자가 시인으로서 서로 만나게 된 것을 그래서 우연이라고 말하는 것이다.

그러나 그 우연 속에서 필자는 필연을 발견했다. 그는 외국에서 모국을 사랑하는 일을 하고 있다. 우리의 문자를, 우리의 언어를, 우리의 문화를 지키고 보호하며 애써 교육해야 하는 일이 그의 주된 일이다. 그 일은 바로 모국에 대해서 그리고 모국의 언어에 대해서 사랑을 실천하는 일이다. 그런 뜨거운 실천 과정 속에서 그는 사랑의 외연과 내포를 확장해가면서 사랑이 무엇인가를 스스로 익힌 것으로 보인다.

그 익힘은 시집 『그대 그리움이 여울질 때는』에서 형상화되고 있다. 사랑은 숭고한 것이다. 그러나 때로는 '사랑' 이란 말처럼 천박한 말이 없다고 느껴질 때도 있다. 그만큼 사랑은 넓이와 깊이에서 큰 편차를 가지고 있다. 그만큼 단순하지 않아 사랑을 주제로 할 때 시, 또는 문화 작품에는 자칫하면 품격이 낮아질 위험성이 도사리고 있기도 한 것이다. 그런 조심스런 걱정을 하면서 이남교 시인의 시집 원고를 다 읽어봤다. 그리고 나서는 그가 부탁한 글을 쓰기로 마음먹었다.

그는 속표지에서 밝히고 있는 것처럼 '이 시집을 이 땅의 모든 아이들을 사랑하는 학부모님께 바칩니다' 라고 출판의 동기를 명시하고 있다. 우선 사랑의 대상과 그가 이 시집에서 지향하는 사랑의 향방이 어떤 것인가를 명백히 알 수 있게 하는 대목이다. 이 시집은 어머니의 사랑과 조응(照應)하기를 원하는 내용이 골간을 이루고 있음을 알 수 있게 해주는 대목이라고 할 수 있다.

그러나 그 사랑은 어머니가 아이를 사랑하는 것에 국한하고 있지는 않다. 사랑의 범위를 국한해서 이해할 수 없기 때문이다. 그렇다면 어떤 사랑을 일컫고 있다는 것인가. 대답은 간단하다. 모성성(母性性)을 기반으로 해서 인간과 인간의 사랑으로부터 인간의 사물에 대한 사랑까지 사랑의 범위와 시인 자신의 사랑에 대한 시야를 넓히고 있다는 것이다.
이런 경우 '사랑'이란 단어가 천박함에 함몰될 위험성은 없다. 낮으면서도 형이상의 세계를 펼치는 것이 역시 사랑임을 감지하게 해준다.

당신의 고운 손에
예쁜 들꽃을 한 송이

당신의 포근한 맘에
따스한 사랑을 한 다발

당신의 고귀한 삶에
아름다운 꿈을 한아름

당신의 순수한 혼에
심오한 음악을 한 가득!

「들꽃 하나」 전문

여기서 시의 제재(題材)는 두말할 것도 없이 들꽃이다. 그러나 들꽃이 시가 되기 위해서는 이 시인에 의해서 인간의 손, 인간의 마음, 인간의 고귀한 삶, 인간의 순수한 영혼이 있어야 했던 것이다. 이것은 곧 시인이 간직하고 있으며 이해하고 있는 사랑을 바탕에 두지 않아서는 이와 같은 시가 될 수 없다는 한 전형이 될 것이다.
사랑은 계산이 없어야 한다. 사랑은 순진무구해야 한다. 순진무구라는 관점에서만 생각해보면 사랑은 유치해야 한다. 이론이나 이해가 틈입(闖入)하면 사랑은 그 순수성에 손상을 입는다. 그렇기 때문에 영국의 유명한 시인 쉘리는 동심으로 돌아가야 사랑의 의미를 제대로 파악할 수 있다고 했던 것이다.
이남교 시인의 이 시에서도 위에서 말한 그 순진함이 보이고 있다. 그것은 동심과 맥을 대고 있어 어떻게 보면 천진스럽게 여겨지기도 한다.
위의 시는 또 결구를 절약형으로 맺고 있다. 간결을 추구했던 것 같다. 구조상 비

교적 성공을 거두고 있다.

> 로맨틱한 음악이 흐르는
> 낙엽 지는 찻집에 앉아
> 따끈한 커피를 함께 하면서
> 기분 좋은 대화를 나눌 수 있다면
>
> 동화 같은 오솔길이 있어
> 흩날리는 갈대숲을 정답게 거닐며
> 깊어가는 계절을 함께 느끼면서
> 하고픈 이야기라도 실컷 할 수 있다면.
>
> 「바램」 전반부

이 시는 외교관이 국제사회의 숨 가쁜 흐름을 거스르며 어떤 목적에 전력을 투구하는 것과는 전혀 상이하다. 동심 그 자체다. 어떻게 보면 감상(感傷)이 전편에 흐르고 있다는 느낌마저 들게 하고 있다.
인용한 시에서 동원되고 있는 언어는 로맨틱, 음악, 낙엽, 찻집, 따끈한 커피, 동화, 오솔길, 갈대숲, 깊어가는 계절이다. 어느 것 하나 여성적인 것 아닌 게 없다. 그리고 동심과 맞물려 있는 것들임을 알 수 있다. 그것은 앞에서 말한 것처럼 순수지향, 아니면 유년 회귀의 꿈을 통한 사랑의 성취욕이 저변에 깔려 있기 때문이다. 너무나 인간적인 꿈이라고 해야 할 것이다. 그것은 이 시인이 외국에서 우리 교육과 문화를 담당하고 있으며, 업무를 수행하는 과정을 통하여 모국에 대한 다함없는 애정을 형상화하는 과정에서 나오는 자연적 심상의 발로라고 보아야 할 것이다.
시는 격정의 것도 있다. 시는 현실을 도피하려는 것도 있다. 물론 현실과 제휴하려는 것도 없지 않다. 그러나 이남교 시인의 시는 현실의 문제를 다루려고 하지 않는다. 인간에게 내재된 심성을 다루려고 한다. 그것은 인간에게 있어서 더욱 본질적인 것을 다루려 한다고 보아야 할 것이다.
그것은 무엇인가, 사랑이다. 인간에 대한 사랑이고, 자연에 대한 사랑이며, 추억에 대한 사랑에 연장되기도 한다. 그 추억을 그는 기억에서 뽑아내기도 한다. 그 기억은 추상(抽象)과 구상(具象)에 얽혀 있다. 그런 시를 한 편 찾아보자.

솔바람 소리가
들리는 날엔
여지없이
송림사의 추억이 되살아나고

감미로운 초아침의
신선한 추억이
나의 가슴에
약동의 불을 지핍니다.

「송림사」 전반부

시의 장소적 모티브는 송림사다. 정신적 배경에 송림사가 잠입해 있기 때문이다. 그러나 그 송림사는 단순한 물건으로서는 아무런 의미가 없다. 추억이 거기 스며 있을 때 비로소 시의 소재로서 살아나게 된다. 그리고 추억이라고 할 수 있는 과거의 경험이 파노라마로서 역할을 하면서 삶의 역동성에까지 불을 당기게 되는 것이다. 그런데도 불구하고 이 시는 퍽 단순하다. 단순한 것은 그만큼 시의 구조상 약점이 될 수도 있다. 그러나 이와 같은 단시는 시상을 흔들 수 있는 불순물이 끼어들 수 없어 장점이 될 수도 있다. 그 평가나 분석은 독자의 몫이다.

이남교 시인은 이 한 권의 시집을 통하여 인간의 영원한 명제인 사랑을 계속적으로 추구하고 있다. 다만 주제에 지나치게 치우쳐 전체적인 시를 일률화 하고 있지 않나 하는 우려도 없지는 않았지만, 일관되게 한 가지 생각을 추구하는 자세는 문학을 천착함에 중요한 태도가 될 수 있을 것이다.

이 시집은 일본어와 대역되고 있다.

한국의 정서를 일본에 전한다는 점에서 의미 있는 일이다. 그러나 고도의 시적 언어를 어느 정도 일본어로 이미지화 했는지에 대해서는 필자가 여기서 말할 성질은 아니다. 어떻든 외교관다운 시도임에는 틀림없다.

그는 이 시집에서 상당한 것을 시도하고 있다. 시인은 시도와 그것을 통한 재창조를 당연한 의무로 생각한다. 그도 그런 시도와 재창조를 통하여 우리 시단에 우뚝 서는 시인이 되기를 기대해 마지않는다.

그의 시집 『그리움이 여울질 때』를 읽게 된 것은 우연이었지만, 그를 발견한 것은 큰 다행이었다. 그의 건필을 빈다.

# 1

들에 핀 꽃처럼 野に咲く花のように

## 들에 핀 꽃처럼

가슴 속에
벅차 오르는 기쁨을
차마 감출 수 없어
사랑한다고
말하고 싶습니다.

세월의 뒤안길에서
만난 그대이기에
가슴 속에 혼자 담아두기엔
너무나도 벅차서
하늘가에 닿도록
사랑한다고 소리치고 싶습니다.

그대가 좋아하는
들에 핀 꽃처럼
언제나 새 이슬을 머금은 듯
새롭게 피어나는
싱그런 마음으로
그렇게 사랑하겠습니다.

## 野に咲く花のように

込み上げてくる嬉しさを
どうしても抑えきれなくて
言いたくなったのです。
「愛してる」と。

星霜をかさね、
うら淋しい生活で出会ったのだから
心の中に一人で秘めておくには
あなたがあまりにも一杯になりすぎて
空の果てまで届くように
「愛してます」と叫びたくなったのです。

あなたが好きな野に咲く花のように
いつも新鮮な露を宿し
<ruby>清々<rt>すがすが</rt></ruby>しく蘇る
そんな気持ちで愛したいのです。

## 처음 본 순간

당신을 처음 본 순간
나는 먼 옛날부터
그리던 사람이라는 걸 느꼈습니다.

빛나는 볼, 사랑스런 눈매,
오똑한 콧날, 그리고 촉촉한 입술,
이 모든 것을 나는
아주 이전부터 기억했던 것 같았습니다.

당신을 처음 본 순간
나는 정신을 어디에다
두어야 할지 모를 만큼
내 마음은 떨렸습니다.

그리고 누구보다도
소중한 사람이 될 거라는
예감을 했습니다.
마치 먼 별나라에서 함께 걷던 사람처럼.

시간의 흐름과 함께
옛 추억이 되살아나듯
나는 어느새 하나씩 하나씩
당신의 고운 색깔로
내 가슴 속을 채워가고 있습니다.
사랑한다는 말과 함께.

## 初めて見た瞬間(とき)

あなたを初めて見た瞬間
私は遠い昔から
思い描いていた人だと感じました。

輝く頬、愛らしい眼、
通った鼻筋、そして濡れた唇
その全てを私は
とても以前から記憶していたようです。

あなたを初めて見た瞬間
私は心をどこに
置けばいいのかわからないほど
震えました。そして誰よりも
大切な人になるだろうと
予感しました。
まるで遠い星の国で一緒に歩いた人のように。

時間の流れとともに
昔の思い出が蘇るように

いつの間にかひとつずつ。
あなたのきれいな色で
私の心のすべてを染めています。
愛しているという言葉とともに。

## 들꽃 하나

당신의 고운 손에
예쁜 들꽃을 한송이.

당신의 포근한 맘에
따스한 사랑을 한다발.

당신의 고귀한 삶에
아름다운 꿈을 한아름.

당신의 순수한 혼에
심오한 음악을 한가득!

## 野の花一本

あなたの綺麗な手で
美しい野の花を一本

あなたのやさしい心に
暖かい愛を一抱え

あなたの高貴な生に
美しい夢を一塊

あなたの純粋な魂に
奥深い音楽をいっぱい！

## 싱그런 아침

태양이 싱그런 아침
산새들이 지저귀고
따스한 가을 햇볕이
너무나도 아름다운 지금!

활짝 웃는 모습은
탁 트인 개인 하늘인양
빛나는 태양은
그대 미소로 포근함을 더하는데

멀리서 보아도
기품있는 향기가 넘쳐나
뒤돌아서면 또 보고 싶고
가까이 있어도 자꾸만 그리워지는 이여

사랑스런 그대 모습이여!!!

## 清々しい朝
(すがすがしい)

太陽が清々しい朝
山鳥たちがさえずり
暖かい秋の陽射しが
とても綺麗な今！

ぱっと笑う姿は
すっきりと晴れた空のよう
輝く太陽は
あなたの微笑で暖かさを増している

遠くから見ても
気品のある香りが溢れ出て
振り返ればまた会いたくなり
近くにいてもしきりに懐かしくなる人

あなたの名前の恋しさよ！！！

## 밝은 미소

기분 좋은 목소리는
마음의 뜰에 따스한 평화를

밝은 미소는
마음의 밭에 생명의 이슬비를

서늘한 눈빛은
소리없이 흐르는 깊은 강처럼

마음의 창으로 넘쳐나는
눈부시게 아름다운 사랑의 햇살

영원으로 이어지는 길목까지
소중히 하고 싶은 나의 그대여!

## 明るい微笑

気持ちの良い声は
心の庭に穏やかな平和を

明るい微笑は
心の畑に生命の露のしずくを

涼しい眼差しは
音もなく流れる深い川のように

心の窓に溢れ出る
眩しく美しい愛の陽射し

永遠に続く夢のはてまで
大事にしたい私の愛しき人よ!

## 알고 싶습니다

사랑하는 이여
그대의 모든 것을
알고 싶습니다.

어린 시절 뛰놀던 곳
그 곳이 보고 싶고
그 시절 이야기도 듣고 싶습니다.

다니던 학교 길도
공부하던 그 교실도
그 시절 뒷동산도 올라보고 싶습니다.

어떤 책에 눈물을 흘렸는지
어떤 시에 가슴을 설레었는지
어떤 노래에 기쁨을 느꼈는지

나는 왠지 그대가
먼 별나라 사람처럼
알고 싶은 것이 너무나도 많습니다.

신이 주신 비밀스런
보석 같은 그대이기에
아주아주 소중히 하고 싶습니다.

## 知りたいのです

愛する人よ
あなたの全てのことを
知りたいのです。

幼い頃遊んだ所
その場所が見たくて
その頃の話も聞きたいのです。

通った学校への道も
勉強したその教室も
その頃の裏山にも登ってみたいのです。

どんな本に涙を流したのか
どんな詩に胸をときめかせたのか
どんな歌に喜びを感じたのか

私はわけもなくあなたが
遠い星の人のように
知りたいことがあまりにも多すぎます。

神様がくださった秘密めいた
宝石のようなあなただから
とても々大切にしたいのです。

## 그대를 보면

그대의 착한 눈빛을 보면
내 마음의 평안함이
어디서 오는가를 알 수 있습니다.

그대의 해맑은 웃음을 보면
내 마음의 기쁨이
어디서 오는가를 알 수 있습니다.

그대의 따스한 가슴을 보면
내 마음의 평화가
어디서 오는가를 알 수 있습니다.

그대의 사려깊은 마음을 보면
내 마음의 사랑이
꽃피는 곳이 어딘가를 알 수 있습니다.

## あなたを見れば

あなたのやさしい眼差しを見れば
私の心のやすらぎが
どこから来るのか分かります。

あなたの清々しい笑顔を見れば
私の心の喜びが
どこから来るのか分かります。

あなたの暖かい心に触れれば
私の心の平和が
どこから来るのか分かります。

あなたの思慮深い心をのぞけば
私の心の愛が
花咲く所が分かります。

## 사랑하는 이여

사랑하는 이여
나의 사랑하는 님이여

그대를 바라본다는 것이
얼마나 기쁘고 설레이는가를
나의 사랑하는 이는
몰려오는 파도를 보면 아실 겁니다.

사랑하는 이여
나의 사랑하는 님이여

내가 얼마나 사모하는지
내가 얼마나 그리워하는지
나의 사랑하는 이는
하늘의 별을 세면 알 수 있습니다.

산 언덕의 바위처럼
내 가슴에 깊숙히 자리한 이는
이제는 어쩔 수 없는
고귀한 나의 사랑입니다.

# 愛する人よ

愛する人よ
我が愛するあなた。

あなたを眺めることが
どんなに嬉しく胸が高鳴るかを
愛する人よ
打ち寄せる波を見れば分かります。

愛する人よ
我が愛するあなた。

私がどんなに懐かしがっているのか
私がどんなに恋しがっているのか
私の愛する人は
空の星を数えればわかります。

丘の上の岩のように
私の胸の奥に居る人は
今はどうすることもできない
大切な私の愛なのです。

# 바램

로맨틱한 음악이 흐르는
낙엽지는 찻집에 앉아
따끈한 커피를 함께 하면서
기분좋은 대화를 나눌 수 있다면.

동화 같은 오솔길이 있어
흩날리는 갈대숲을 정답게 거닐며
깊어가는 계절을 함께 느끼면서
하고픈 얘기라도 실컷 할 수 있다면.

구름이 흐르는 언덕에 올라
다정한 모습으로 어깨를 나란히
둘만의 행복을 느끼면서
그대의 따스함을 전해 받을 수 있다면.

산들한 바람이 불어
머리결을 가벼이 스치는 강가에서
잔잔한 가슴의 고동을 느끼면서
그대를 살포시 안을 수 있다면.

서로의 눈빛이 통하고
무언중에 마음이 이어져서
사랑하는 둘이 하나 되는
그런 행복한 날이 올 수 있다면.

## のぞみ

ロマンティックな音楽が流れる
木の葉が落ちる喫茶店に座って
あったかいコーヒーを一緒に飲みながら
気持ちよく話を交わすことができれば。

童話のような淋しい小道があって
睦まじく葦の林を歩きながら
深まる季節を一緒に感じつつ
したい話を思う存分することができれば

雲が流れる丘に登り
親しく肩を並べて
二人だけの幸せを思いつつ
あなたの温もりを感じることができれば

そよ風が吹いて
髪を軽くなでる川辺で
静かな胸の鼓動を感じながら
あなたをそっと抱くことができれば

お互いの視線がかよい合って
無言の中に心がつながり
愛する二人がひとつになる
そんな幸せな日が来ることがあれば

## 가을비

사랑하는 그대여
지금 무슨 생각을 하고 있습니까.
내 마음은 온통 그대 생각뿐입니다.

이렇게 비 내리는 날엔
그대와 함께 따스한
가을 사랑을 하고 싶습니다.

가을비에 젖으며
가을색으로 물드는
그런 가을 사랑을 하고 싶습니다.

포근한 체온을 느끼면서
코스모스 핀 길을 그대와 둘이서
한없이 걷고만 싶어집니다.

그대를 사랑하고 나서 부터는
길가에 난 작은 풀꽃 하나에서도
사랑의 의미를 발견한답니다.

이렇게 비에 젖는 가을날엔

그리움이 소리도 없이 쌓여

하염없는 그대 생각에

젖은 낙엽처럼 가슴만 탑니다.

# 秋雨

愛するあなたよ
今何を考えていますか。
私の心は全てあなたのことだけです。

こんなに雨降る日には
あなたと一緒に暖かい
秋の恋をしたいのです。

秋雨に濡れながら
秋色に染まる
そんな秋の恋をしたいのです。

暖かい体温を感じながら
コスモス咲く道をあなたと二人で
限りなく歩き続けたいのです。

あなたを愛してからは
道端に咲く小さな草花一つにも
愛の意味を発見するのです。

このように雨に濡れる秋の日は
懐かしさが音もなく降り注ぎ
切ないあなたへの想いに
濡れた落葉のように心だけが焦がれます。

# 솔바람

사랑스런 볼을 시원스레 스치고
아롬다운 갈색 머리결을 흩날리면서
그대의 신비로운 목을 사알짝 감싸안는
그런 솔바람이 되고 싶은 날이 있습니다.

그대 걸음도 상쾌하게
신이 나서 허밍으로 노래하며
저 넓은 벌판을 스킵핑 스텝으로
하늘의 천사가 구름 타고 나르는 듯.

어떤 소년이 한송이 꽃을 꺾어
늠름한 기사처럼 그대 앞에 바치면
그래서 화사하게 웃는 그대가 있다면
그리고 소년의 손에 키스라도 해준다면

소년은 너무 너무 기뻐서
온 들판의 꽃을 몽땅 모아
커다란 한아름의 꽃다발을 만들어
사랑하는 그대에게 바칠 겁니다.

솔바람이 귓볼을 스치는 날
사랑의 노래 메아리 되어
그대의 귓가를 살며시 두드릴 때
나 이렇게 속삭이고 싶습니다.
"FOREVER MY LOVE ! !"

## 松風

愛らしい頬を涼やかに撫で
美しい褐色の髪をなびかせ
あなたの神秘的なうなじを
そっと包みかくす
そんな松風になりたい日があります。

あなたの歩みは爽快に
上機嫌でハミングをしながら
あの広い草原をスキップで
天使が雲に乗って飛ぶように

ある少年が花一輪を手折(たお)り
凛々しい騎士のようにあなたの前に捧げ
それで華やかに笑うあなたがいれば
そして少年の手にキスでもしてくれるなら

少年はそれはそれは嬉しくて
全ての草原の野の花をみんな集めて
とっても大きな花束を作り

愛するあなたに捧げるでしょう。

松風が耳たぶに触れる日
愛の歌が山彦となり
あなたの耳元をそっと叩く時
私はささやきたいのです。
"FOREVER MY LOVE"

## 그대 생각

그대는 지금
무엇을 하고 있습니까?

따스한 아침 햇살아래
편안한 마음으로
커피라도 즐기고 계신지요?

그대는 지금
무슨 생각을 하고 있습니까?

흘러가는 구름을 보며
때로는 여유롭게
상상의 나래라도 펴고 계신지요?

그대는 지금
어디를 걷고 있습니까?

삶이 그렇게 바쁘더라도
아주 조금은

나에 대한 생각도 해주시는지요?

나는 지금
그대 생각만으로 가득 차 있습니다.

하루 종일
그대만을 생각하며
하염없이 보내는 날이 많아집니다.

나는 지금
가슴앓이를 하고 있습니다.

여울지는 안개골에서
밤을 밝히며
그대 오는 새벽을 기다리고 있습니다.

## あなたへの想い

あなたは今
何をしていますか?

ほの暖かい朝の陽の下
安らかな心で
コーヒーでも楽しんでいらっしゃるのですか?

あなたは今
何を考えていますか?

流れゆく雲を見ながら
時にはゆったりとして
想像の翼でも広げていらっしゃるのですか?

あなたは今
どこを歩いていますか?

生活がそんなに忙しくても
ほんの少しは

私のことを考えて下さっているのでしょうか?

私は今
あなたのことだけでいっぱいです。

一日中
あなただけを考えながら
心虚ろに過ごす日が多くなります。

私は今
胸を痛めています。
早瀬にかかる霧の谷で
あなたの来る暁を待っています

## 산뜻한 미소

언제나 곁에 있어
말없이 지켜보며
속 깊은 사랑을
따스하게 전해주던 그대!

밝고 산뜻한 미소는
정신을 맑게 해주고
영혼마저 새롭게 해주는
한줄기 향기로운 생명수

무지개 색 하늘이
그리워지는 것은
그대의 시원한 미소가
너무나도 보고 싶은 탓입니다.

## 爽やかな微笑

いつも傍にいて
じっと見守り
奥深い愛情を
ほのぼのと伝えてくれたあなた！

澄んで爽やかな微笑は
心を清くしてくれて
魂さえも新しくしてくれる
一筋の香り高い生命水

虹色の空が
懐かしくなるのは
あなたの涼しい微笑を
とっても見たいからです。

## 사랑만 있다면

어떤 어려움이 있을지라도
어떤 슬픔이 닥칠지라도
서로를 감싸는 따스한 사랑만 있다면

새롭게 피어나는 뭉게 구름 같은
날마다 조금씩 자라는 새순 같은
그런 온유한 사랑만 있다면

그 어떤 어려움도,
그 어떤 슬픔도,
반드시 딛고 일어서서

떠오르는 태양의 아침을
감사함으로 맞이하며
생명으로 축복하는 대지 위에서
기쁨 가득찬 노래를 부르오리.

## 愛さえあれば

どんな困難があっても
どんな悲しみが迫っても
互いを包む暖かい愛さえあれば

新たにたち昇る雲のように
日々少しずつ育つ新芽のように
そんな温和な愛さえあれば

どんな困難も
どんな悲しみも
必ず踏みしめて立ち上がり

昇る太陽の朝を
感謝で迎え
生命を育くむ大地の上で
喜び一杯の詩を歌おう

# 여로

산길을 걸을 때마다
그대 그리움이 너무 사무쳐
아름다운 경치 하나 하나에도
그대의 모습이 새록거립니다.

바쁜 일과를 떨치고 이렇게
훌쩍 떠나 여가를 보내노라니
새삼 그대 없음에 가슴이 아려
그대 보고픔으로 산야조차 허전합니다.

스치는 솔바람 결에도
그대의 내음이 배어 있는 듯
그대의 체취가 너무 그리워
나 조용히 하늘만 바라봅니다.

언제부터인가
사랑의 늪에 깊이 빠진 나는
날마다 그대 곁에 있기만을
간절히 소원하고 있습니다.

그대 곁에 있을 수만 있다면
그보다 더 좋을 순 없을 겁니다
그대와 함께 있을 수만 있다면
그보다 더 행복할 순 없을 겁니다.

나 진정 그대를 사랑합니다.
이렇게 떨어질수록
그립고 보고 싶어서
가슴이 답답하고 죽을 것만 같습니다.

사랑은 이렇게 갈증나는 것인 줄
나는 정말 몰랐습니다.
그대가 내 마음에 온 뒤로는
나는 밤마다 그대 생각으로 뒤척입니다.

사랑하는 그대가 너무 보고 싶어서
사랑할수록 그대를 향한 고뇌가
강한 파도되어 기진한 나는
그대의 따스한 손길만을 꼽아 기다립니다.

# 旅路

山道を歩くたびに
あなたへの恋しさが染み込んで
美しい景色一つ一つにも
あなたの姿が次々と浮かびます。

忙しい日課を振り切り
このようにふらっと出て余暇を過ごすと
なおあなたのいないことに心を痛め
あなた逢いたさに野山さえ寂しく見えます。

通り過ぎる松風にも
あなたのにおいが染みているようで
あなたの姿があまりにも恋しくて
私はただ空だけを見つめています。

いつからか
愛に深く落ちた私は
いつもあなたのそばに居ることだけを
切に願っています。

あなたのそばに居られれば
それよりもっと良い事はないでしょう。
あなたと一緒に居られれば
これ以上に幸せなことはないでしょう。

あなたを愛しています。
こうして離れるほど
恋しく会いたくて
心が苦しくて死にそうです。

愛はこんなに渇いてしまうなんて
私は本当に知りませんでした。
あなたが私の心に宿ってからは
私は夜毎あなたを想って寝返りを打ちます。

愛するあなたにとても会いたくて
愛するほどにあなたに向かう苦悩が
強い波涛になって気が滅入り
あなたの暖かい手が届くことだけを
指折り数えて待っています。

# 2
## 그대 사랑이라면 あなたの愛ならば

## 청순한 꽃처럼

우리 님은
꽃처럼 정숙하고
청순하고 아름다워라

내 가만히
우리 님을
들여다보면

문득 시간의 흐름이
너무나도 안타까워
나도 모르게
기도 드리고 싶어진다.

조물주가 만드신
이 청순함이
언제까지나
고이 간직되어지길.

우리 님은
꽃보다도
그윽한 꽃보다도
더 아름다워
비길 데가 전혀 없어라.

## 清純な花のように

我が君は
花のように貞淑で
清純で美しいのです。

そっと
我が君を
覗いて見れば

時間の流れが
あまりにも切なくて
ふと我知らず
祈りたくなるのです。

造物主がお造りになった
この清純さが
いつまでも
きれいに留められることを

我が君は
花よりも
ゆかしい花よりも
もっと美しく
たとえようがないのです。

# 님의 이야기

님의 이야기는
숲속을 흐르는 시내처럼
그윽하게 여울져서
감미롭고

님의 웃음소리는
한여름의 시원한 폭포처럼
맑고 상쾌하여
기분 좋고

님의 모습은
논두렁에 핀 작은 풀꽃처럼
수줍은 아름다움이
넘쳐나고

님의 걸음걸이는
해변가를 찰싹이는 파도처럼
설레이며 다가와
애태우고

## あなたの話

あなたの話は
森の中を流れる小川のように
奥床しくきれいで
甘美であり

あなたの笑い声は
真夏の涼しい滝のように
澄んで爽快で
気分が良く

あなたの姿は
畔道に咲いた小さな野の花のように
はにかんだ美しさが
溢れ出て

あなたの足取りは
海辺に打ち寄せる波のように
ざわめきながら近寄って来て
気をもませる。

## 고귀한 그대

이렇게
가까이 두고서
가슴 설레이는 나는
참 행복한 사람입니다

고귀한 품성의 그대
가까이 할수록 더 아름다운 그대이기에
그대의 색깔로 조금씩 물들어가는 나를
산들거리는 마음으로 바라봅니다.

멋있고 사랑스럽고
나의 모든 것을 다 바쳐서라도
진정으로 얻고 싶은 그대
나는 그대를 온 가슴으로 사랑합니다.

천상의 여신처럼 고귀한 그대
그대의 머리끝에서 발끝까지
그 어느 한가진들
나에게 소중하지 않은 것은 없습니다.

나는 그대의 모든 것을 사랑합니다.
정녕 서럽도록 사랑합니다.
할 수만 있다면 이 세상 끝까지
그대 곁에 함께 있고 싶습니다.

## 高貴なあなた

こんなに
近くで
心ときめく私は
本当に幸せ者です。

高貴な気品のあなた
近くなるほど一層美しいあなただから
あなたの色で少しずつ染められていく私を
爽やかな心で眺めます。

素敵で愛らしく
私の全てを捧げてでも
得たいあなた
私はあなたを心から愛します。

天上の女神のように高貴なあなた
あなたの頭の先から足もとまで
そのどれひとつをとっても
私に大切でないものはありません。

あなたの全てを愛します。
きっと悲しいくらい愛します。
できることならばこの世の終わりまで
あなたの傍に一緒にいたいのです。

## 그대로 인한 평화

창밖에 노랗게 핀 예쁜 꽃들!
그대가 아름답다고 말해서
유난히도 아름답게 보이는데
살며시 꿀벌 한 마리 내려 앉습니다.

아름다운 꽃술을 애무하며
무언가 밀어를 주고 받는 듯
둘이 하나되어 살랑거리는 모습은
마치 사랑을 속삭이는 자연의 노래 같습니다.

그러나 그대 생각만으로
도취되어 있는 내 영혼은
저 벌보다도 저 꽃보다도
더없는 행복을 느끼고 있습니다.

사랑의 묘약은
시든 영혼에 샘솟는 기쁨을 주고
따스한 그대 가슴은
피곤한 마음이 쉼을 얻는 평안한 안식처입니다.

## あなたによる平和

窓の外に黄色く咲いた美しい野の花たち
あなたが美しいと言ったので
とりわけ美しく見えるところへ
そっと蜜蜂が一匹舞い降りました。

美しい花芯を撫でながら
何か言葉を交わすように
二つが一つになりよりそう姿は
まるで愛をささやく自然の歌のようです。

しかし、あなたのことだけに
陶酔している私の魂は
あの蜂よりもあの花よりも
この上ない幸せを感じています。

愛の妙薬は
萎む魂に湧き出る喜びを与え
暖かいあなたの胸は
疲れた心が休まる安らぎの場所です。

## 창문을 여는 날

마음 문을 연다는 것은
얼마나 소중한 것인지요.
작은 창문을 조금 연 날은
참으로 기억하고 싶은 날입니다.

정신의 사랑이
무엇보다 아름답고 고결하다는 걸
그대의 사려깊음 속에서 발견했습니다.
이런 날은 진정 고이 간직하고 싶은 날입니다.

사랑한다는 것
마음으로 깊이 사랑한다는 것.
그것이 얼마나 소중한 것인지
진정 고뇌해 보지 않고는 아무도 알 수 없습니다.

이제는 아무 것도 원치 않습니다.
그대의 따스한 마음 밖에는.
마음으로 느끼는 것만으로도
충만한 기쁨과 행복이 있습니다.

영혼의 순결한 사랑으로
그대를 소중히 여기며
떨리는 심장의 고동으로
인생의 여정동안 그렇게 사랑하고 싶습니다.

## 窓を開ける日

心の扉を開くことは
どんなに大切なことだろう。
小さな窓を少しだけ開けた日は
しっかりと記憶しておきたい日なのです。

心の愛が何よりも
美しく高潔なことを
あなたの思慮深さの中に発見しました。
こんな日は大切にしまっておきたい日なのです。

愛するとは
心から深く愛すること。
それがどんなに大切なことか
ほんとうに苦悩してみなければ何もわかりません。

これからは何も望みません。
あなたの暖かい心の他は。
心で感じるそのことだけでも
満ち足りた喜びと安らかな幸せがあります。

霊魂の純潔な愛で
あなたを大切にしながら
人生の旅路の間愛したいのです。

## 함께하는 시공

이렇게 기쁠 수가 없습니다.
그대가 가까이에 있다는 것이.
이렇게 고마울 수가 없습니다.
그대를 바라볼 수 있다는 것이.

밤하늘에 수많은 별들 속에서
찾아낸 보석 같은 그대이기에
지금은 밤하늘의 별 하나에서도
새로운 의미를 느낀답니다.

샘 솟는 마음의 기쁨
함께 호흡할 수 있는 아름다운 시공
이를 허락해주신 우리의 주님께
조용히 감사의 기도를 드립니다.

## 共にする時空

こんなに嬉しいことはありません。
あなたが近くにいることが。
こんなにありがたいことはありません。
あなたを眺めていられることが。

夜空の数多くの星の中から
探しだした宝石のような人だから。
今は夜空の星ひとつにも
新しい意味を感じるのです。

こみ上げる喜び
共に呼吸できる美しい時空。
これを許して下さる我が主に
静かに感謝の祈りを捧げます。

## 님의 눈을 보고 있노라면

님의 눈을 보고 있노라면
단번에 사라지는 마음의 근심 걱정
님의 미소를 보고 있노라면
단번에 기뻐지는 마음의 포근함

님의 볼은 귀엽고
눈은 부드러우며
금갈색 머리칼은
그냥 갖고 싶은 한아름의 꽃다발

님이 즐거워할 때면
숲들은 여러 가지 향기를 발하고
바람은 즐거워서 산들거린다

님이 마음을 살짝 열 때면
하늘의 기쁨이 나에게 샘 솟고
님의 손길이 살짝 닿을 때면
심장의 고동은 열차처럼 내닫는다.

## あなたの瞳を見つめていたら

あなたの瞳を見つめていたら
即座に消え失せる心配事。
あなたの微笑を見つめていたら
即座に心は嬉しく暖かくなる。

あなたの頬は可愛くて
目は穏やかで
黄褐色の髪は
そっと持っていたい花束。

あなたが楽しければ
森は色々な香りを発し
風は愉快にそよぎ出す。

あなたが心をぱっと開けば
喜びが私に沸き上がり
あなたの手がさっと触れれば
心臓の鼓動は列車のように突っ走る。

## 나의 님이여

알 수 없는 날에
살며시 다가와
기쁨이 샘솟아
자랑하고픈 이가 있습니다.

목소리가 듣고 싶고
참을 수 없이 보고 싶어서
시도 때도 없이
달려가고픈 이가 있습니다.

마음에 넘쳐나는
외줄기 생각으로
사는 날 동안 정성껏
사랑하고픈 이가 있습니다.

별처럼 영롱이는
수많은 영혼의 이야기들을
밤새도록 도란도란
속삭이고픈 이가 있습니다.

생각할 때마다
가슴이 벅차서
그 외엔 모든 것이 부질없다고
소리치고픈 이가 있습니다.

다정하게 속삭이고
사랑스레 미소지으며
그냥 곁에만 있어 주어도
하늘만큼 감사하고픈 이가 있습니다.

## 私のあなた

ある日
そっと近付いて来て
嬉しさがこみ上げ
自慢したい人がいます。

声が聞きたくて
たまらなく会いたくて
わけもなく
駆け寄りたい人がいます。

心に溢れ出る
一筋の考えで
生きている間誠を尽くし
愛したい人がいます。

星のように輝く
数多い霊魂の話を
夜通し睦じく
ささやきたい人がいます。

考えるたびに
胸が一杯で
あなた以外はすべていらないと
叫びたい人がいます。

親しくささやいて
愛らしくほほ笑みながら
そばにさえいてくれれば
山ほど感謝したい人がいます。

## 첫눈

그대를 알고 나서
처음 맞이하는
첫눈 내리는 날입니다.

이런 좋은 날에는
하얀 눈을 맞으며
그대와 한없이 걷고만 싶습니다.

정답게 팔짱을 끼고
그대의 다정스런 속삭임에
마음껏 행복해하면서.

하얀 눈이 내리는 날엔
커다란 창문이 있어
나뭇가지에 쌓이는 눈을 바라보며

따뜻한 난로가 피어져 있는
고풍스런 찻집에서
둘만의 찻시간을 갖고 싶습니다.

사랑하는 그대 있어
낭만스런 이 겨울의
첫눈 내리는 기념할 날에

순수한 내사랑을
눈 내리는 소리처럼
소리없이 그렇게 전하고 싶습니다.

## 初雪

あなたを知ってから
初めて迎える
初雪の降る日です。

こんなに良い日には
白い雪に降られながら
あなたと限りなく歩いていたいのです。

睦まじく腕を組んで
あなたと親しげに
心ゆくまで幸せにひたりながら

白い雪が降る日には
大きな窓があって
木の枝に積もる雪を眺めながら

暖かい暖炉が燃える
古風な喫茶店で
二人だけのお茶の時間を持ちたいのです。

愛するあなたがいて
ロマンチックなこの冬の
初雪の降る記念すべき日に

純粋な私の愛を
雪が降ることく
そっと伝えたいのです。

## 사랑하는 그대

그대와 함께 하는
작은 시간이
얼마나 소중한지

촉촉히 젖어드는
이 평화가
얼마나 값진 건지

그대가 곁에 있는
그 날들이
얼마나 행복한지

아무도 모를 겁니다
그렇게
사랑해보지 못한 사람은!

그대를 보고 나면
신나고 자신이 생기며
샘솟는 의욕과 한없는 용기가

펼쳐지는 구름처럼
피어나는 희망처럼
전신을 가득히 채워옵니다.

하루라도 그대를
보지 않고선
살 수 없을 것만 같은

속삭이는 다정한 목소리
따스한 조그만 미소가
얼마나 강하고 담대하게 만드는지

얼마나 기쁘고
행복하게 만드는지
이 세상 그 누구도 차마 모를 겁니다.

## 愛するあなた

あなたと一緒に持つ
小さな時間が
どんなに貴重なものか

やさしく伝わる
この平和が
どんなに価値あるものか

あなたがそばに居る
その日々が
どんなに幸せなものか

誰も知らないでしょう。
そんな
愛を持ったことのない人は!

あなたを見れば
楽しく自信に満ちて
沸き上がる意欲と限りない勇気が

広がる雲のように
咲き出す希望のように
全身をいっぱいに埋めていきます。

一日でもあなたに
会えなければ
生きていけないようで。

ささやく優しい声が
あたたかい小さな微笑が
どんなに強く大胆にするのか

どんなに嬉しく
幸せにするのか
この世の誰もわからないでしょう。

## 그대 사랑이라면

같은 하늘 아래서 호흡하며
마음을 다 바쳐서
간절하게 느끼는 사랑이라면

연초록 봄에는
피어나는 새싹처럼
꽃피는 계절을 노래하고

무성한 여름에는
정열을 다 바치는
뜨거운 사랑으로 행복하고

낭만의 가을에는
산야를 물들인 단풍처럼
당신의 고운 가슴에 타오르는 불이 되고.

얼어 붙은 겨울엔
흰눈처럼 순결하고 정숙한 사랑으로
나 그대를 포근히 감싸 안으리.

## あなたの愛ならば

同じ空の下で呼吸しながら
心の全てを捧げて
切々に感じる愛ならば

新春になれば
芽吹きはじめる新芽のように
花咲く季節を詩いながら

生い茂る夏には
情熱を全て捧げる
熱い愛で幸せを喜び

浪漫の秋には
山野を染める紅葉のように
あなたの綺麗な心に灯る火になり

寒い冬には
白い雪のように純潔で貞淑な愛で
あなたを和やかに包み込みたい。

## 안개꽃

그대가 너무 좋습니다.
왠지는 나도 모릅니다.

언제부터인가
마음 깊숙히 스며들어
나도 모르는 사이에 너무 좋아졌습니다.

해맑은 눈동자가 좋고
갈색 머리결이 좋고
모습 하나 하나가 다 좋습니다.

그래서 작은 가슴은
잊을 수 없을 만치
그대를 사랑하게 되었나 봅니다.

아득한 산 저 멀리로
떠올리는 것만으로도
마음은 마냥 행복합니다.

그대의 해맑은 모습이
그대의 정겨운 음성이
따스함으로 느껴오는 날은

새하얀 안개꽃이 가득하고
감미로운 기쁨의 미소가
잔잔한 행복으로 여울지는 날입니다.

아무것도 바라지 않습니다.
그냥 멀리서 생각하는 것만으로도
마음은 한없이 행복하기 때문입니다.

## かすみ草

あなたがとても好きです。
なぜか私には分かりません。

いつからなのか
心の奥底に染み込んで
私にもわからない間にとても好きになりました。

透き通った瞳が好きで
褐色の髪の毛が好きで
姿一つ一つがみんな好きです。

私の小さな胸は
忘れることのできないほど
あなたを愛するようになってしまったようです。

はるかな山の彼方に
思い浮かべるだけでも
心はとても幸せです。

あなたの清い姿が
あなたの優しい姿が
ほんのいと暖かく感じる日は

真っ白なかすみ草いっぱいの
甘美な喜びの微笑が
穏やかな幸せで酔いしれる日です。

何も望んでいません。
ただ遠くで思うそれだけで
心は限りなく幸せだからです。

## 그대 생각할 때면

먼 산을 바라보면
해맑은 미소가
아침 이슬을 머금은
순수한 함박꽃 같은
그대가 생각납니다.

저 하늘을 쳐다보면
사랑스런 목소리가
조용한 숲속을 흐르는
맑은 시냇물 같은
그대가 보고 싶어집니다.

조용히 눈 감으면
다정스런 모습이
봄바람에 살짝 실려오는
은은한 꽃향기 같은
그대가 그리워집니다.

바닷가를 거닐며는
추억속의 지난 날들이
새하얀 은모래를 일구며
솟아나는 옹달샘 같은
그대가 떠오릅니다.

살아 가면서
보고 싶은 그대 있음이
여울지는 기쁨으로 다가오는
피어나는 아지랑이 같은
그대가 사랑스럽습니다.

## あなたを想って

遠い山を眺めれば
透き通った微笑が
朝の露を含んだ
純粋なシャクヤクのような
あなたを思い出します。

あの空を見つめれば
愛らしい声が
静かな森の中を流れ
綺麗な小川のような
あなたに会いたくなります。

静かに目を閉じれば
優しい姿が
春風に漂う
花の香りのような
あなたが懐かしくなります。

海辺をそぞろ歩けば
想い出の中の過ぎし日々が
砂を掘り起こし
湧き出る泉のように
あなたが浮かんできます。

この人生で
会いたいあなたがいることが
広がる喜びで
立ち上がる陽炎のように
あなたが愛しいのです。

# 비 내리는 날

촉촉히 내리는
비를 맞으며
내 가슴을 적시는
그대의 사랑을 생각해봅니다.

이렇게 비 내리는
적막한 날엔
그대와 둘이서 어디론가
훌쩍 떠나고픈 충동을 느낍니다

내 마음을 닦아 내리는
빗방울을 물끄러미 바라보노라니
감골차의 추억이 새삼 그리워져
유난히도 당신이 보고 싶어집니다.

이렇게 비 내리는 날엔
시골길의 호젓한 찻집에 앉아
그대와 도란도란 세상 이야기를 나누고 싶습니다.
나는 진정 후회 없는 사랑을 하고 싶습니다.

## 雨の降る日

しとしと降る
雨の中で
私の心を濡らす
あなたの愛を考えています。

こんなに雨の降る
寂しい日には
二人でどこかにふらっと
旅立ちたい衝動にかられます。

私の心を洗い流す
雨粒をぼうっと眺めていると
柿村茶屋の思い出が今更のように懐かしくて
たまらなくあなたに会いたくなるのです。

このように雨の降る日には
知らない田舎道のひっそりした茶店に座って
あなたととめどもない世間話をしたいのです。
私は真に後悔のない愛し方をしたいのです。

## 날이 갈수록

사랑하는 그대는
맑게 개인 날의 청명한 아침처럼
맑고 산뜻하고 신선하고.

배려하는 고운 마음은
비단처럼 아름답고 깨끗하여
때묻지 않은 이슬빛 영롱한 진주입니다.

그대의 정겨운 목소리는
은쟁반을 흐르는 옥구슬 같고
깊은 산속의 꾀꼬리처럼 그윽하며

숲속을 흐르는 청정한 시냇물의
기분좋은 상쾌함으로
고뇌에 찬 영혼을 깨끗이 씻어줍니다.

감미로운 그대 미소는
기품이 있고 향기로워서
하늘의 천사보다도 더 아름다우며

곁에서 바라보기만 하여도
너무 황홀하고 사랑스러워
가슴에 녹아드는 신비한 영약입니다.

소중한 그대여!
가만히 있어도 사랑스런 그대여!
날이 갈수록 그대가 더욱 더 사랑스럽습니다.

## 月日が経つほど

愛するあなたは
澄み切った晴れた日の清明な朝のように
清く爽やかでそして新鮮で

あなたの優しい心は
絹のように美しく綺麗で
汚れを知らない露色の玲瓏(れいろう)な真珠のようです。

あなたの情愛に満ちた声は
銀のお盆をころがる玉の如く
山深いウグイスの声のように奥床しく

森の中を流れる清浄な小川の水の
気持ち良い爽快さで
苦悩に満ちた霊魂を綺麗に洗ってくれます。

甘美なあなたの微笑は
気品があって高貴で
天使よりももっと美しく

そばで眺めるだけでも
とてもうっとりして愛らしく
胸に溶け込む神秘な霊薬です。

大切なあなた
じっとしていても愛らしいあなた
月日が経つほどあなたがもっと愛らしく思えるのです。

## 님이 곁에 있는 밤

그대와 즐겁게 지낸
조그만 메모리가
나를 더욱 더 행복하게 만듭니다.

그대와 함께 한 시간들이
얼마나 소중하고 고귀한 것인지
나는 밤마다 절절이 느낍니다.

그대를 생각하며 지새는 이 밤도
얼마나 행복한 밤인가를
나는 아린 가슴으로 짚어봅니다.

그대의 아름다운 자태와
맑은 시냇물 같은 목소리는
메마른 내 가슴을 촉촉하게 적시는
사랑의 단비입니다.

비록 곁에 없어도
눈 감으면 찾아오는 그대의

사랑스런 미소를 동반자로
이 밤을 닫으렵니다.

## あなたがそばにいる夜

あなたと楽しく過ごした
少しだけの思い出が
私をより一層幸せにしてくれます。

あなたと一緒だった時間が
どんなに大切で高貴なことか
私は夜毎(よごと)に切々と感じています。

あなたを想いながら明かした幾夜も
どんなに幸せな夜だったかを
私は胸の痛みで確かめます。

あなたの美しい姿と
清らかなせせらぎのような声は
かわいた私の胸をしっとりと濡らす
愛の慈雨です。

たとえ傍にいなくても
目を閉じれば訪ねてくるあなたの

愛らしい微笑みを同伴者に
この夜を閉じるのです。

## 기분 좋은 날

만나 기분 좋은 날은
들판을 거닐어도 좋고
산을 올라도 좋고
함께 앉아 있어도 기분 좋은 날입니다.

연파란 하늘과 빛나는 태양
사각이는 바람과 상쾌한 공기가
마치 그대와 나의 하루를
축복해 주는 그런 날입니다.

하늘에는 한떼의 양떼 구름이
동서로 포근하게 이어져서
찬란한 저녁 햇살을 받아
유난히도 아름답게 보이는 날입니다.

좋은 이와 함께 지내는 것이
이토록 기쁘고 행복한 것임을
나는 그대 눈동자를 보면서
가슴 벅차게 느끼는 날입니다.

## 気持ち良い日

会って気持ちの良い日は
野原を歩いても気持ち良く
山に登っても気持ち良く
一緒に座っていても気持ち良い日です。

水色の空と輝く太陽
さわさわと吹く風と爽快な空気が
あなたと私の一日を
祝福してくれるそんな日です。

空には一ひとかたまりの羊雲が
東西にのどかに連なり
燦爛(さんらん)とした夕方の陽射しを受けて
とりわけ美しく見える日です。

いい人と一緒に過ごすことが
こんなに嬉しく幸福なことだと
あなたの眼をみつめながら
胸一杯に感じる日です。

# 3
## 나의 빈 가슴에 私の空っぽの心に

# 기도

나 오늘
무릎을 꿇고
밤의 끝자락을 잡고
그대를 위해 기도합니다.

서럽도록 보고 싶은
그리움을 접어두고서
동행할 수 없는 그대를 위해
그저 간절한 기도만 올립니다.

그래도
더 늦지 않은 날에
그대를 만나게 해준
신께 감사드리며

그대의 행복을 깨지 않고
사랑하는 법을
가르쳐달라고 기도합니다.

# 祈り

私は今日
両膝をついて
夜のとばりに包まれ
あなたのために祈ります。

切ないまでに会いたい
恋しさを胸に秘め
一緒についていけないあなたのために
切々と心の底から祈ります。

それでも
まだ遅すぎない日に
あなたに会わせて下さった
神様に感謝を捧げながら

あなたの幸せを壊さず
愛する方法を
教えて下さいと祈っています。

## 어두운 밤에

어두운 밤에
너무 그리워서
그대 이름 되뇌이면
살며시 다가와서 웃음 짓는 모습

꿈길을 헤매다가
돌고 돌아서 만나는 듯
향기로운 그대가 너무나도 사랑스러워
나 그대를 한아름에 끌어안습니다

그대 그리워서 잠이 오지 않는 밤
그대 보고파서 지쳐 있는 밤
뒤척이며 지새는 이 한밤에
구슬픈 밤새 소리만이 나의 마음을 울립니다.

## 暗い夜に

暗い夜に
あまりにも恋しくて
あなたの名前を繰り返せば
そっと近寄る微笑む姿。

夢路をさまよい
廻りめぐって出会うように
香(かぐわ)しいあなたがあまりにも愛(いと)おしく
私あなたをやさしく抱き寄せます。

あなたが恋しくて眠れない夜
あなたに会いたくて待ちくたびれた夜
寝返りを打ちながら悶々とする夜
物悲しい夜鳥の鳴き声だけが私の心に響きます。

## 간절한 밤

삶에 있어서 지고의 행복은
누구를 죽도록 사랑하는 것일 겁니다.
아린 가슴을 안고 허전한 밤을 지샐지라도
사랑하는 이가 있다면 그것은 행복입니다.

너무나 그리워 조용히 눈 감으면
선명히 떠오르는 사랑스런 이의 모습에
뒤척이며 맺혀지는 진주 이슬은
마치 승화한 보살님의 사리 같습니다.

그립다는 것이 무엇이기에
마음의 저 끝까지 알뜰하게 채우고도
그래도 모자라서 고뇌하는 그대는
욕망의 덩어리입니까? 순결의 심연입니까?

그대의 전부를 다 갖고 싶고
할 수만 있다면 그대의 고운 빛깔로
영혼까지도 곱게 물들이는
그런 고결한 사랑을 하고 싶습니다

부는 바람만큼이나 흔들리는 밤
욕망의 파도가 일렁일지라도
그대 향한 애틋한 나의 순정은
한올의 가식도 없는 정결함입니다.

손을 뻗으면 닿을 것 같은
향기로운 그대를 꿈꾸면서
서럽도록 그리워지는 외로운 밤에
졸립지 않는 눈으로 그대를 추억합니다.

## 切ない夜

人生において至高の幸福は
誰かを死ぬほど愛することでしょう。
痛む心を抱いて寂しい夜を明かしても
愛する人がいればそれは幸せです。

あまりにも恋しくて静かに目を閉じれば
鮮明に浮かび上がる愛しい人の姿に
眠れずに流す真珠の露は
まるで昇華した菩薩の舎利のようです。

恋しさが
心をいっぱいに埋め尽くして
それでも足りずに苦悩する人は
欲望の固まりですか？ 純潔の深淵ですか？

あなたの全てをもらいたい
できることならあなたの優しい色で
霊魂まで綺麗に染める
そんな高潔な愛を持ちたいのです。

吹く風のように揺れ動く夜
欲望の波涛がのたうっても
あなたに向かうやるせない私の純情は
一つの飾りもない貞潔さそのものです。

手を伸ばせば届きそうな
香(かぐわ)しいあなたを夢見ながら
限りなく恋しいそんな夜は
切ない心であなたを思い出します。

# 상념

나는 지금
사랑한다는 말을
수없이 쓰고 싶습니다.

그러다가도 문득
고뇌하는 그대를 생각하면
차라리 아무것도 쓸 수가 없습니다.

그리움이
강물처럼 밀려올 때면
해저문 창가에 기대어 서서

흐르는 눈물은
누가 보지 않아
조금은 위안이 됩니다.

이전엔
슬플 때나 기쁠 때만
나는 눈물인 줄 알았는데

너무 그리울 때도
나는 줄
난 정말 몰랐습니다.

그리고
그게 행복이란 것도
젖은 가슴으로 알았습니다.

## 想念

私は今
「愛している」という想いを
限りなく書きつづりたい。

でもふっと
苦悩するあなたの姿を思うと
かえって何も書けないのです。

恋しさが
奔流となって押し寄せてくる時(とき)は
夕暮の窓辺にもたれ

こぼれる涙を
誰にもみられないのが
せめてものなぐさめです。

以前には
悲しい時や嬉しい時だけ
出る涙と思っていたのに

あまりに恋しい時も
出ることを
私は本当に知らなかったのです。

そしてそれが幸せということを
心が濡れて知りました。

# 두려움

잿빛 하늘은 마음에조차 비를 내려
젖은 가슴을 두려움으로 조여와
온통 세상은 회색뿐입니다.

유행병처럼 번져오는
알 수 없는 불안한 빛깔에
맘 아파하는 나는
나이가 들어도 아직 철부지입니다.

그리움이 새하얗게 일다가
바위에 부서지는 파도되어
흰 갈메기가 날아간 뒤에도

하늘의 간절한 목소리를 담아
모래성 왕자의 옛 이야기를
사랑하는 그대에게 들려주고 싶습니다.

# 不安

灰色の空は心に雨を降らし

濡れた心が不安で縮まり

世の中がことごとく灰色に見えます。

流行病(はやりやまい)のように伝播する

わからない不安な色に

心が痛む私は

年を取ってもまだ世間知らずです。

懐かしさが真っ白に沸き上がっては

岩に砕ける波となり

白いカモメが飛んで行った後にも

天の切ない声を秘めて

砂の城の王子の昔話を

懐かしいあなたに伝えたいのです。

## 해 저녁 오솔길

꿈꾸는 듯한 저녁놀의
숲속 오솔길을 따라
어깨를 나란히 걸어가는
부드러운 그대의 모습이 있다.

흐르는 듯한 풀벌레 소리도
애절하게 들리는 가을의 저녁가
돌아가야 할 자연의 질서가 너무 안타까워
난 그냥 머물러 선다.

부드러운 그대의 다소곳한 모습이
내 가슴을 적실 때마다
나는 행복한 고민의 계곡을
대책없이 방황하고 있다.

어두운 밤 전의 짧은 이 평화
호젓하고 손에 잡히는 이 포근함
모든 것을 흐르는 삶 속에 맡길지라도
그대의 부드러운 체온을 지금 느끼고 싶다.

## 日暮れのさびしい細道

夢の中で見たような夕焼け。
森の中の細道に沿って
肩を並べて歩いて行く
優しいあなたの姿がある。

流れるような虫の音。
哀しげに聞こえる秋の夕べ。
帰らなければならない自然の理（ことわり）が
あまりにも惜しまれて私はただ立ち尽くす。

優しいあなたの慎ましやかな姿が
私の心を濡らすたび
私は幸せな苦悶（くもん）の渓谷を
なすこともなく彷徨（さまよ）っている。

暗闇の前の短いこの平和。
安心して手にとれるこの柔らかなもの
全てのものを流す人生の流れの中にいたとしても
あなたの柔らかい体温を今感じたいのです。

## 방황하는 밤

그 작은 말 한마디가
몰고 온 폭풍으로
온통 넋 나간 난파선인
나는 외로운 존재입니다

갈 곳도 없어 발길 닫는 대로
정처없이 헤매이다 오른
그대의 옛 동산에 서서
초점없는 눈으로 하염없이
밤거리를 내려다봅니다.

비참한 나의 이런 방황까지도
아름답게 승화시키는 당신이 있어
차마 헤매는 이 깊은 밤에
구멍 뚫린 상처 사이로
바람만 스쳐갑니다.

알 수 없는 이유 하나로
등을 보인 그대의 아픈 가슴을

아무리 미워하려 해도
어쩔 수 없는 자신이
너무나도 초라해보이는 것은 왜입니까?

서글픈 이 밤
보이지 않는 그대를 부르며
그대가 차지했던 자리의 아픔에
새삼 무너지는 허무함으로
이제는 설 수조차 없는
자신을 봅니다.

식어가는 찻잔 속에 떠오르는
그대와의 지나간 추억들이
별처럼 스쳐와
흐르는 슬픔으로 여울집니다.

## 彷徨する夜

その些細な一言が
迫りくる爆風となり
心は魂の抜けた難破船となり
私は寂しい存在となりました。

行くところもなく足の向くまま
当てもなく彷徨(さまよ)い
あなたが昔登った丘に立って
焦点の定まらない眼で
虚ろな町の夜を見下ろしています。

悲惨な私のこんな彷徨までも
美しく昇華させるあなたがいて
こんなに彷徨うこの深い夜に
穴のあいた傷の間を風だけが通り抜けていきます。

解らない理由で
背を見せたあなたの心を
いくら憎もうとしてもどうしょうもない自分が

あまりにもみすぼらしく見えるのは何故でしょうか。

侘びしいこの夜
見えないあなたを呼びながら
あなたが占めていた心の空虚の痛みに

崩れる空しさで
立つことさえできない自分を見るのです。

冷めていくカップの中に
浮かあなたとの過ぎし思い出が
星のように瞬(またた)き
流れる悲しみで渦巻いています。

## 아침 미소

아침의 눈부신 햇살처럼
그대의 아름다운 미소는
나의 어두운 마음을
환하게 밝혀주는 등불입니다.

비 온 뒤의 무지개처럼
그대의 신비로운 미소는
나의 우울한 마음을
말끔이 씻어주는 생명의 원천입니다.

몰려간 구름 사이로 나타난 하늘처럼
그대의 온유하고 다정스런 미소는
나의 고뇌에 찬 마음을
사르르 녹이는 화롯불입니다.

그대의 조그마한 미소에
나는 새 힘을 얻고
시든 영혼이 단비를 만난 듯
금새 밝아진 얼굴엔 기쁨이 충만합니다.

## 朝の微笑

朝の眩しい陽射しのように
あなたの美しい微笑は
私の暗い心を
華やかに照します。

雨あがりの虹のように
あなたの神秘的な微笑は
私の憂鬱な心を
さっぱり流してくれる生命(いのち)の源泉です。

雲間にのぞく空のように
あなたの柔和で情感豊かな微笑は
私の苦悩に充ちた心を
そっと溶かす囲炉裏(いろり)の火です。

あなたのかすかな微笑に
私は新たな力を得て
萎(な)えた霊魂が慈雨を得たように
明るくなった顔には喜びが満ちています。

# 마음

의지가 있어도
마음이 없으면 나아가지 못하며
생각이 있어도
마음이 없으면 움직이지 아니하며
예의가 있어도
마음이 없으면 실행할 수 없으니

즐거운 생각도
마음이 없으면 즐겁지 아니하며
기쁜 대화도
마음이 없으면 기쁘지 아니하며
함께 걷는 것조차
마음이 없으면 싫어지는 것인 줄을.

안되는 줄 알면서도
마음이 움직이면 어쩔 수가 없으며
내일을 알지라도
마음이 그리하면 따를 수밖에 없으며
꿈인 줄 알면서도

마음이 함께 하면 그 길이 즐거울 뿐이니

마음에 가득찬 이가 있다면
그것이 참된 행복이며
마음에 그리운 이가 있다면
그것이 소박한 기쁨이며
마음에 간절한 이가 있다면
그것이 진실된 사랑인 것을.

나 이제 알 것만 같습니다
소슬한 바람의 계절이 되어서.
내 몸의 모든 부분이
다 마음 하나에 의존하고 있다는 것을.

# 心

意志があっても
心がなければ前に進めず
知識があっても
心がなければ動けない
礼儀があっても
心がなければ実行できない

樂しいアイデアも
心がなければ樂しくならず
嬉しい対話も
心がなければ嬉しくなく
一緒に歩むことさえ
心がなければ嫌になるものを

駄目とわかっていても
心が動けばどうすることもできず
哀しい明日を知っていても
心がそうなれば嬉しくもなく
夢と知っていても

心が一緒ならばその道が楽しいはずなのに

心に溢れる人がいたなら
それがまことの幸せであり
心に懐かしい人がいたなら
それが素朴な喜びであり
心に大切な人がいたなら
それが真実の愛であることを。

わたしは今になってわかるような気がします。
薄ら寂しい風の季節になって
私の体の全ての部分が
みな心ひとつに依存しているということを。

## 나의 빈 가슴에

흐르는 세월 속에 모든 것이
다 변하고 없어진다 할지라도
진정 사모하는 그대에의
깊은 정은 변함이 없으리

날이 갈수록 새로워지는
그대에의 포근한 사랑
내 영혼의 언덕에
선명하게 새겨진 소중한 이름

그대는 나의 것,
나 또한 그대 것이기를
간절히 바라는 행복한
꿈속의 사랑스런 초대자여!

그리움에 일렁이는 영혼
원컨대 바라는 것은
영혼과 영혼이
하늘에서 깊이 맺어지기를.

그리움의 호숫가에
아직 채울 곳이 남아 있는
허전한 빈 가슴을
그대 따스함으로 가득 채워주기를.

## 私の空っぽの心に

流れる歳月の中で全てのことが
みんな変わって消え失せたとしても
心から思慕するあなたへの
深い想いは変わることはないでしょう

日が経つほど新しくなる
あなたへの穏やかな愛
私の霊魂の丘に
鮮明に刻まれた大切な名前

あなたは私のもの
私もまたあなたのものであるように
切々と願う
幸福な夢の中の愛らしい招待者よ!

懐かしさにさ迷う霊魂
願わくば
霊魂と霊魂が
空で深く結ばれることを

懐かしさの湖畔に
まだ満たす所が残っている
寂しいからっぽの胸を
あなたの暖かさでいっぱいに埋めてくれることを

## 외로운 밤

그대가 없는 저녁 노을은
저녁 노을이 아닙니다.
어두운 밤의
시작일 뿐입니다.

텅빈 껍질 안고
맞이하는 이 깊은 밤에
눈썹 달은 저 산 너머로
슬픈 듯이 내려가는데

하염없이 눈물 흘리는
나는 누구입니까?
그대만큼 나를
외롭게 하는 이는 없습니다.

## 寂しい夜

あなたがいない夕焼けは
夕焼けではありません。
暗い夜の
始まりだけなのです。

空っぽの脱け殻をだいて
迎えるこの深い夜に
眉のような月はあの山の向こうに
もの悲しく沈んで

留めどなく心虚ろに涙を流す
私は誰でしょうか。

あなたほど
私を寂しくする人はいません。

## 그대 곁으로

눈을 감고 깊이 명상하여
흐르는 시간의 소중함을 알면 알수록,
느끼면 느낄수록 더욱 더 그리운 이여!

어찌하여 이토록 보고 싶어지는 것일까…
하루에도 수없이….

영원 속에서 보면
우리의 일생은 하루살이 같은데도.
어째서 욕망은 이렇게 끝이 없는 걸까?

금새 사라지는 안개 같은 인생
신의 주어진 한계 속에 살면서
사랑하는 마음은 끝이 없어라.

자꾸 떠오르는 그대 모습 때문에
마음은 날개 달고 바다 건너 저 멀리
그대 곁으로 날아가는가?

## あなたのそばへ

目をとじて深く瞑想し
流れる時間の大切さを知れば知るほど
感じれば感じるほどより一層懐かしい人よ!
より一層懐かしくなるのは、繊細なあなたの姿!

なぜこんなに切なく逢いたくなるのか。
一日に数えきれないほど

永遠の時から見れば
我々の一生は蜻蛉(かげろう)のような人生なのに
なぜ欲望はこのように終わりがないのか?

すぐに消えてなくなる霧のような人生としても
神様の与えられた限りある世界で暮らしながらも
愛する心は終わりがない

たえず浮かび上がるあなたの姿ゆえに
心は翼をつけて遠く海を越え
あなたの側へ飛んでいくのか。

## 그대의 이슬

그대 눈의 이슬을 보며
고뇌하는 모습을 보며
시린 가슴으로
아픈 마음을 헤아립니다.

사랑하는 이여!
그러나 참으며 견디며
인내해야 합니다.

비바람이 세차다 해도
폭풍우가 무섭다 해도
온유한 햇빛은 바로
저 검은 구름 뒤에 있습니다.

아름다운 내일을 기다리며
비에 젖은 저 꽃처럼
다소곳이 오는 날을 기다리는
지금은 그런 때입니다.

정녕 그대에게는

찬란한 태양이 빛나고

향기론 꽃들이 만발한

기쁨과 환희로 가득한

낙원 같은 날이 올 겁니다.

## あなたの雫

あなたの眼の雫を見ながら
苦悩する姿を見ながら
凍えた心で
傷んだ心を察します。

愛する人よ！
しかし堪え忍んで
我慢しなければなりません。

風雨が激しくても
雷が恐くても
温和な日の光はまさに
あの黒い雲の後ろにあります。

美しい明日を待ちながら
雨に濡れるあの花のように
うつむいてじっと来る日を待つ
今はそんな時です。

きっとあなたには
燦爛と太陽が輝き
芳しい花たちが咲きほこり
喜びと歓喜に満ちた
樂園のような日が来ます。

## 스러지는 날에

어쩔 수 없는 이를
간절히 소망한다는 것은
말할 수 없이 괴로운 일인 것을

밤마다, 작은 여유 시간에도
찾아드는 님의 모습은
제어할 수 없는 고뇌의 미로인 것을

그래도 떨치지 못하고
간절히 그리워지는 것은
어쩌지 못하는 연민의 정인 것을

머리로는 알면서도
피어나는 보고픔으로
기력조차 잃은 그댄 껍데기뿐인 것을

찢어지는 아픔으로도
어쩌지 못하는 번민은
스러지는 그믐달의 희미한 미소인 것을

절벽 앞에 좌절하는 날엔
파란 하늘의 색깔조차도
아무런 의미없는 잿빛 어두움인 것을

계절이 지나도
깨닫지 못하는 그댄
정말 바보입니다.

## 消え失せる日に

どうすることもできない人を
切に望むことは
口で言えない苦しみであるものを

夜毎、小さなすきまの時間にも
訪ねて来るあなたの姿は
制御できない苦悩の迷路であることを

それでも振り落とせず
切に懐かしくなるのは
どうすることもできない憐憫の情であることを

頭では解りながらも
静かに沸き起こる会いたさで
気力さえなくしたあなたは脱け殻だけであることを

ちぎれるような痛みにも
どうすることもできない煩悩は
消え失せる大悔日のかすかな微笑であることを

絶壁の前に挫折する日には
青い空さえも
何の意味もない灰色の暗闇であることを

季節が過ぎても
悟らないあなたは
本当に愚か者です。

## 바닷가에서

해저문 바닷가를 혼자 거닐면
찰싹이는 파도가 마음문을 두드려
한없이 몰려오는 그리움이
밀물되어 가슴에 넘쳐납니다.

어두움이 내리는 해변 모래에
몰려와서 스러지는 하얀 파도는
그리워 한숨짓는 작은 숨결처럼
그렇게 이어지며 스러집니다.

화석처럼 남겨진 추억을 간직하고
물결에 씻겨지는 조개껍질은
꿈같던 지난 날을 어느새 꺼내와
설레이는 가슴으로 아파합니다.

파도가 밀려오는 바다 저편에
우두커니 떠 있는 작은 섬 하나
다진 해저녘에 기다리는 장승처럼
그래서 연민으로 바라봅니다.

멀리로 떠오르는 그대 모습은
어두움을 비춰는 샛별 같은데
밤바다는 그저 잊으라는 듯
무언으로 조용히 감싸만 줍니다.

## 海辺で

日暮れの浜辺を一人歩けば
岩に砕(くだ)かる波が心の戸を叩き
限りなく押し寄せてくる懐かしさが
満ち潮となり胸に溢れ出てきます。

暗闇が迫る海辺の砂に
打ち寄せては消える白い波は
懐かしくて一息つく小さな息遣いのように
続いては消えていきます。

化石のように残った想い出を
しまっておいて波に洗われる貝の殻は
夢のような過ぎし日をふと思い出させ
ざわつく胸は痛みます。

波が押し寄せてくる海の向うに
ぼんやり浮かぶ小島ひとつ
夕暮れの海に待つチャンスン(村の守り神)のようで
憐憫の心で眺めます。

遠くに浮かぶあなたの姿は
闇を照らす明星のようなのに
夜の海はひたすら忘れなさいと言うように
無言で静かに包むだけです。

# 석양

함께 기쁨으로 거닐던 날들이
가까이서 보며 웃던 날들이
즐겁게 이야기하던 시간들이
따스한 마음을 느끼던 시절들이

노을 지는 석양을 바라보면서
흔들리는 갈대를 바라보면서
진정 행복한 날들이었음을
이제 가슴을 적시며 추억합니다.

정열스런 날들의 노래를 부르면서
빛 바랜 날들의 사진을 보면서
피어나던 뭉개구름의 황홀했던 시절들이
이제는 정녕 꿈의 계절이 되었습니다.

마음은 아직도 한낮의 중간인데
불타는 정열은 아직도 타고 있는데
들여다보는 거울은 여지없는 가을색
하늘엔 벌써 기러기가 날아가고 있습니다.

시간이 가고 세월이 흘러서
주름이 늘고 흰머리가 보여도
어째서 마음은 늙지를 않는 건지
지금까지 아무도 가르쳐주지를 않았습니다.

# 夕陽

共に喜びで歩いた日々が
近くで見て笑ってた日々が
樂しく話した時が
ほのぼのとした心を感じた季節が

暮れる夕陽を眺めながら
揺れる葦を眺めながら
本当に幸福な日々だったことを
いま心を濡らしながら想い出します。

情熱的だったあの日の時を歌いながら
色褪せたあの日の写真を見ながら
入道雲の恍惚とした時節たちが
今は本当に夢の季節となりました。

心はまだ白昼の真中なのに
情熱は未だ燃えているのに
のぞいて見る鏡はまぎれもない秋色
空にはすでに雁が飛んで行きます。

時間が過ぎ歳月が流れ
皺が増え白髪が見えても
どうして心は年をとらないのか
今までだれも教えてはくれませんでした。

# 4
## 물처럼 그렇게 水のように

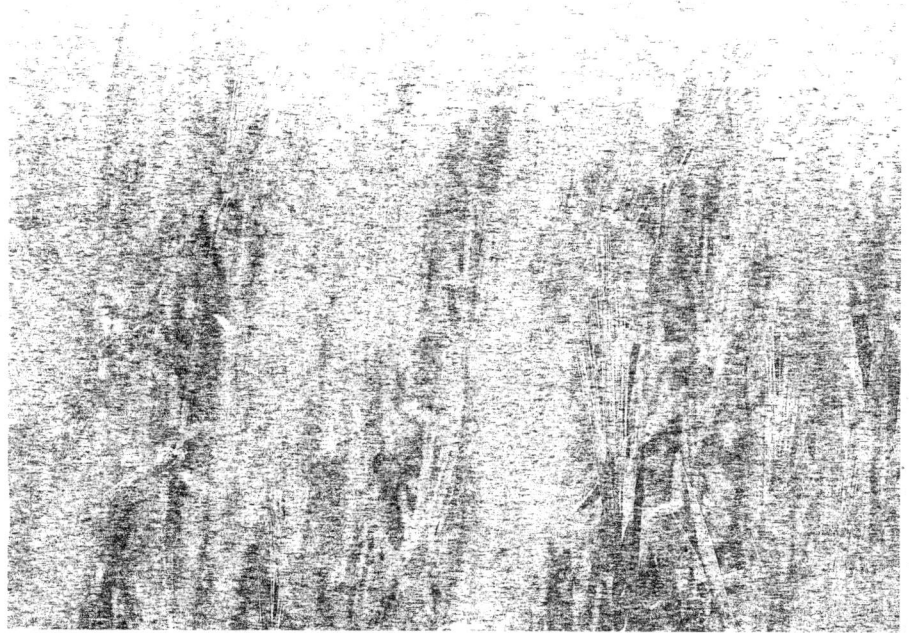

## 송림사

솔바람 소리가
들리는 날엔
여지없이
송림사의 추억이 되살아나고

감미로운 초아침의
신선한 추억이
나의 가슴에
약동의 불을 지핍니다.

법당 안에 올리는
고뇌의 그 기원을
부처님은 그냥
묵묵히 바라만 보던 날

함께 고뇌하는
나의 마음속에서
사랑하는 님의 모습을 보았습니다.

# 松林寺

松風の音が
聞こえる日には
きまって
松林寺の思い出が蘇ってきて

甘美な早朝の
生き生きとした思い出が
私の心に
火を燃やし始めるのです。

本堂の中で挙げる
苦悩のその祈りを
仏様はただ
黙って眺めておられた日。

共に苦悩する
私の心の中に
愛する人の姿を見出したのです。

# 명봉

상서로운 구름에 싸인 명봉
고즈넉한 분위기의 수종사
물안개 자욱히 피어오르는 강변

산 위에 맴도는 소리개
발아래 펼쳐진 낮드린 구름
크고 작은 봉우리의 다소곳한 자세

은하수처럼 반짝이는 남한강 줄기
로맨스 경춘선의 기적 소리
사랑의 여로처럼 여운을 남기는 날.

태양은 따사롭고 바람은 잔잔하고
계절 잊은 두 마리 노랑 나비
어디론가 춤추며 날아가는 아침

너무나 조용해 귀 기울이면
숨소리조차 들릴 것 같은 평화.
눈 감으면 살며시 다가오는 따스함

마음의 평화를 주는 자연의 품안
가을처럼 깊어가는 사모하는 정
전할 길 없는 멀리 있는 그대!

순수한 사랑을 그대에게
정결한 마음을 그대에게
온유한 눈동자를 그대에게!

# 明峰

吉兆の雲に覆われた雲吉山
もの静かな雰囲気の水鍾寺
水霧の深く立ちこめる川辺

山上に輪を描く鳶
眼下に広がるたれた低い雲
大小それぞれの峰々の静まった姿

銀河水のようにきらめく南漢江の流れ
ロマンス京春線の汽笛の音
愛の旅路のような余韻を残す日

太陽はほの暖かく風は静かで
季節を忘れた2匹の黄色蝶
どこかへ踊りながら飛んでゆく朝

とても静かで耳を傾ければ
息づかいさえ聞こえてきそうな平和
目を閉じればそっと近づくぬくもり

心に平和を与える自然の懐
秋のように深まる思慕の情
伝えるすべもない遠くにいるあなた！

純粋な愛をあなたに
清らかな心をあなたに
温和な瞳をあなたに！

## 대왕능

그대가 좋아하는 해 지는 저녘가
여울의 물안개처럼
자꾸만 피어나는 그대 모습이
서럽도록 사랑스럽습니다.

풀벌레 소리도 애절한 이 적막.
크낙새 울음조차
조린 가슴을 떨리게 하는 이 평화.
흐르는 시간이 너무나도 아쉬운 이 고요.

천하를 흔들고 역사를 움직인
여기 누운 옛 왕의 부귀영화도
전설스런 그 위용까지도
그대의 고운 뺨에서 전해오는
이 사랑과는 차마 견줄 수가 없습니다.

그대 생각만 해도
가슴이 저려오고 밀물져 오는 그리움으로
지새는 이 밤

고뇌에 찬 나의 그림자는
영혼의 깊은 곳에서 울려 퍼지는
사랑의 파도소리입니다.

그대와의 조그만 이 행복
그것은 정녕 우주와도 바꿀 수 없는
소중하고 애틋한 나만의 비밀한 보석.
나 사랑하는 그대 위해,
삼포에는 안 가렵니다.

# 大王陵

あなたが好きな夕暮どき
早瀬の川霧のように
しきりに立ちのぼるあなたの姿が
悲しいくらい愛しいのです。

虫の音の物悲しいこの寂寥
キタタキの鳴声が
胸を震わせるこの安らぎ
流れる時間があまりにも名残惜しいこの静けさ。

天下をゆさぶり歴史を動かす
ここに眠るはるかな王の富貴栄華も
伝説のようなその偉容までも
あなたの美しい笑顔から伝わってくる
この愛とはとても比べることができません。

あなたを思うだけでも
心がしびれ満ちてくる懐かしさで

白むこの夜
苦悩に満ちた私の心は
魂の深いところで鳴り続ける
愛の波涛の音です。

あなたとの小さなこの幸せ
これは宇宙とも代えることのできない
大切で切ない私だけの秘密の宝物。
愛するあなたのために、
三浦には行きません。

## 낙엽 소리

깊어가는 가을 산의
등산은 참으로 멋이 있습니다.
행복 예감의 수채화 같은
청화산이 감미롭게 느껴집니다.

정상에서의 가을 경치는
등고선 따라 모습이 바뀌어
노랑, 빨강, 갈색, 낙엽으로 이어지는데
소나무의 푸름만은 돋보여 일품입니다.

이렇게 멋지고 그윽한 가을 풍경을
사랑하는 그대와 함께 느끼며
기쁨으로 바라볼 수 있다는 것이
얼마나 큰 행복인지 모릅니다.

쌓여진 낙엽을 밟으면서
상쾌하게 걸어가는
그대의 뒷모습을 바라보며
한없이 행복에 젖는 추억 산행입니다.

빨갛게 타오르는 단풍은
그대 향한 나의 정열처럼
새파란 하늘과 어우러져
정상의 가을 정취를 더해줍니다.

걸을수록 포근한 가을 낙엽
여유로운 능선길의 발자국 소리
둘이 걷는 호젓한 가을 산길은
물드는 저녁노을 만큼이나 아름답습니다.

## 落葉の音

深まる秋の山の
登山は本当に素晴らしい。
幸せを予感する水彩画のような
清華山が甘美に感じられます。

頂上からの秋の景色は
等高線に従って姿が変わり
黄色、赤色、褐色、落葉へとつながり
松の木の青さだけは引き立つ逸品です。

見事で奥床しい秋の風景を
愛するあなたと心のままに感じながら
嬉しさで眺めることが
どんなに大きな幸せかわかりません。

積もった落葉を踏みながら
爽快に歩く
あなたの後ろ姿を眺めながら
限りなく幸せに浸る思い出の山行きです。

赤い色は
あなたに対する私の情熱のように
真っ青な空と調和して
頂上の秋の趣を増しています。

歩くほどに暖かい秋の落葉。
のどかな稜線の道を歩く足音。
二人行くひっそりした秋の山道は
染まる夕焼けほどに美しいのです。

## 그 옛날 그대로

파란 가을 하늘도
하얀 새털 구름도
석양을 가르는 철새떼도
그 옛날 그대로입니다.

한들거리는 코스모스도
산마다 물드는 단풍도
계곡을 흐르는 여울물도
그 옛날 그대로입니다.

거닐던 들길도
오르던 산길도
정답던 강가의 너그러운 정경도
그 옛날 그대로입니다.

아름다운 회상도
포근하고 따스한 사랑도
생각하면 미어지는 그리움도
그 시절의 설레임 그대로입니다.

세월은 저만큼 흘러갔어도
수많은 날들이 지나갔어도
그대에의 간절한 내 마음은
한치도 변함없는 그대로입니다.

깊어가는 가을처럼
커져가는 사모의 정은
원주 산기슭의 나무처럼
날마다 조금씩 자라고 있습니다.

## その昔のままに

青い秋の空も
白いすじ雲も
夕陽を分かつ渡り鳥も
その昔のままです。

そよそよ揺れるコスモスも
山ごとに色付く紅葉も
渓谷を流れる早瀬の水も
その昔のままです。

散歩した野道も
登った山道も
しっとりした川辺の豊かな情景も
その昔のままです。

美しい回想も
暖かく穏やかな愛も
思えば胸苦しい懐かしさも
その時節のざわめきもそのままです。

歳月はあれほどに流れ去っても
数多くの日々が過ぎていっても
あなたへの切なる私の心は
ちっとも変わらないそのままです。

深まる秋のように
ふくらむ思慕の情は
原州の山裾の木のように
日毎に少しずつ育っていきます。

## 물드는 산하

여름의 화려함이
서서히 막을 내리고
무성했던 잎들의 이야기도
하나 둘씩 떨어져가는 이 가을!

하늘의 푸르름 깊어가고
따스하게 내리쬐는 햇살에
알차게 영글어가는 대지
곱게 물드는 들 그리고 산하!

붉게 타오르던 정열에
지새던 젊은날의 기억이
이제는 떨어지는 낙엽처럼
그리움이 추억되는 가을 산이여!

그대 있어 아름다운 가을 산하여!

## 染まる山河

春の華麗さが
ゆっくりと幕を下ろし
生い茂っておしゃべりしていた葉っぱたちも
一つ二つと落ちていくこの秋!

空の青さが深まり
穏やかにふりそそぐ日差しに
一杯に満ちていく大地
美しく染まる野原そして山河!

赤く燃えていた情熱に
夜を明かした若い日の思い出が
今は落ちていく葉のように
懐かしさが思い出になる秋の山よ!

あなたがいてこそ美しいこの秋の山河よ!

## 바라만 보는 산

녹음으로 가득한 산을 보면서
사랑하는 그대를 조용히 생각합니다.

그대와 함께 오르던 산이 있어
그렇게도 휴일이 기다려졌었는데…
이렇게 멀리 온 후로는
그저 바라만 보는 산으로 바뀌었습니다.

계절따라 변화하는 저 산들은
언제나도 그렇게 한없는 기쁨을 주었는데
지금은 그저 담담한 심경으로
물끄러미 바라만 볼 뿐입니다.

"풍경은 마음의 투영"이라는
어느 시인의 말을 되뇌이며
똑같은 경치라도 느끼는 이에 따라
받는 감동이 사뭇 다름을 봅니다.

지난날 그렇게 행복을 주던
낭만스럽던 산들의 자취는
세월의 강물 속으로 떠내려가 버렸습니다.

흐르는 시간만큼이나
멀리 가버려서
이제는 아득하게 보이는
바라만 보는 산입니다.

진실하고 고귀했던 그대에의 사랑
젊음의 지난 시절이 너무 그리워서
오랜 세월을 지난 지금
다시 오르고 싶은 산입니다.

## 眺めるだけの山


緑一杯の山を見ながら
愛するあなたを静かに思います。

あなたと一緒に登った山があって
休日が待遠しかったのに
こんなに遠くに離れてからは
ただ眺めるだけの山に変わりました。

季節によって変化するあの山々は
いつも限りない喜びをくれたのに
今はただ坦々とした心境で
ぼんやりと眺めるだけです。

「風景は心の投影」という
ある詩人のことばを繰り返し
同じ景色でも人によって
受ける感動が全然違うのです。

過ぎし日そんなに幸せをくれた

ロマンチックな山々は
歳月の川の水の中に流されてしまいました。

流れる時間ほどに
遠くに行ってしまい
今では遥かに
眺めるだけの山なのです。

真実で高貴だったあなたへの愛
若さのあの時節が余りにも懐かしくて
長い歳月が過ぎた今
もう一度登りたい山なのです

# 아침 강가

푸른 하늘과 가을 산을
조용히 담고 있는
물안개 접어지는 아침 강가에서
어깨를 나란히 하고 있는 두 사람

한마리 물오리가
유유히 물길을 헤치며
나름의 묘기를 보여주고 있습니다.
마치 둘에게 자랑이라도 하듯이.

겹겹이 이어지는 산은
한폭의 산수화 같고
아스라이 보이는 먼 산은
우리 인생 노년의 산 그림자 같은데.

따끈한 한잔의 커피가
그대와 나의 사랑을 달인 것처럼
잔잔한 수면을 바라보는 마음은
깊은 행복감을 가져다줍니다.

한 척의 커다란 배가
거침없이 강물을 가로지르고
한참 후엔 일렁이는 파도가
강가에 닿습니다.

이전엔 무심코 바라보던 작은 파도!
사랑도 가버리고 나면
마음가에 파도만 남는다는 말을
나는 깊이 새겨들었습니다.

## 朝の河畔

青い空と秋の山を
静かに映している
靄(もや)が晴れて消える朝の河畔で
肩を並べているふたり。

一羽の真鴨が
悠々と水を分けながら
水上の妙技を見せつけています。
まるで、ふたりに誇るかのように。

幾重にも連なる山は
一幅の山水画のようで
かすかに見える遠いあの山は
我が人生の老年の山影のようなのに。

温かい一杯のコーヒーが
あなたと私の愛を煎じたようで
穏やかな山水画を眺める心は
深い幸福感を与えてくれるのです。

一隻の大きな舟が
スイスイと河を横切って
しばらくのちに広がる波が
河畔に寄せてきます。

この前までは無心で眺めていた小さな波!
愛も行ってしまえば
心の淵に波だけが残るという言葉を
私は深く刻んで聞きました。

## 물처럼 그렇게

나는
사랑하는 이와
하나가 되어
물처럼 그렇게 흐르고 싶습니다.

그윽한 저 산골짜기의
단풍진 계곡을 따라
사랑하는 이의 손을 잡고 노래를 부르며.

때론 파도의 꿈을 꾸면서
소금강의 소(沼)속에 풍덩 빠지기도 하고
사랑하는 이의 멋진 수영 솜씨도 즐기면서
그렇게 낭만스레 흐르고 싶습니다.

들꽃 잔잔한 시내를 따라
목가 소리 평화로운 벌판을 지나
그렇게 우리의 바다에 이를 때까지.

흐르면서 하나되고
함께 기뻐하고 함께 슬퍼하는
나는 그런 전설 같은 사랑을
하고 싶습니다.
사랑하는 이와 함께.

## 水のように

私は
愛する人と
一つになって
水のように流れたいのです。

あの幽谷の
紅葉(もみじ)の深い渓谷に沿って
愛する人の手をとって歌をうたいながら

時には波涛の夢を見ながら
小金剛の滝壺の中にどぶんと飛び込んだりもして
愛する人の素敵な泳ぎの腕前を楽しみながら
ロマンチックに流れたいのです。

野原の穏やかな小川に沿って
牧歌の響く平和な草原を通り過ぎ
やがて我らの海へたどり着くまで

流れながら一つになって
共に喜び共に悲しむ
そんな伝説のような愛を
したいのです。
愛するあなたと共に

## 바람 부는 날

이렇게 바람 부는 날엔
낙동강변을 거닐던 사랑스런
소녀의 모습이 떠오릅니다.

홍조띤 볼에 스카프를 날리면서
외로이 홀로 거니는
생각이 깊고 따스한 마음을 지닌
사랑스런 소녀!

무슨 사연이 있는지
무슨 생각에 잠겼는지
하염없이 거닐던 그 모습이
왠지 자꾸만 보고 싶어집니다.

흩날리는 머리결을
바람따라 내맡긴 채
어느 영화의 한 장면처럼
한없이 걸어가는 사랑스런 소녀!

되돌릴 수만 있다면
나 사랑스런 소녀를 위해
한아름의 들꽃을 꺾어
기쁜 마음으로 전해주고 싶습니다.

이렇게 바람부는 날엔
스카프의 그 소녀가
왠지 그리워져
낙동강변에 가보고 싶어집니다.

## 風の吹く日

こんなに風の吹く日には
落東江べりを散歩した愛らしい
少女の姿が浮かびます。

赤みを帯びた頬にスカーフをなびかせ
寂しく一人で歩く
思慮深く暖かい心をもった
愛らしい少女!

どんな訳があるのか
どんな考えに沈むのか
心虚ろに歩くその姿に
どうしてもしきりに逢いたくなるのです。

なびく髪は
吹く風に任せたまま
ある映画の一場面のように
限りなく歩いて行く愛しい少女!

引き返せるなら
愛しい少女のために
ひと抱えの野の花を手折り
嬉しい気持ちを伝えたいのです。

こんなに風の吹く日には
スカーフのその少女が
なんとなく懐かしく
落東江べりに行きたくなるのです。

## 허수아비

누렇게 익어가는 들녘
포근하게 느껴지는 햇살
이렇게 따사로운 날엔
더없이 보고 싶어지는 이가 있습니다.

어린 시절의 추억처럼
짧았던 날들의 기억들이
그대 모습과 겹쳐져 올 때면
너무 그리워 조용히 하늘가를 바라봅니다.

익어가는 계절처럼
아름답던 지나간 시간들이
귀뚜라미 들녘처럼 서러워지는 지금
텅빈 벌판의 사색에 잠기는 허수아비입니다.

사각거리는 갈대소리
볼을 스치는 소슬한 바람
쌓이는 노오란 솔잎을 밟으며
겨울로 접어드는 언덕에서 꿈속의 그대를 생각합니다.

# 案山子

黄色く色づく野原
暖かく感じる陽射し
そんなに温和な日には
この上なく逢いたくなる人がいます。

幼い頃の想い出のように
短かかった日々の記憶が
あなたの姿と重なり
とても懐かしく静かに空の果てを眺めています。

実りゆく季節のように
美しかった過ぎし時間(とき)が
コオロギの鳴く野原のように悲しくなる今
がらんと広い野原で想いにふける案山子(かかし)です。

カサカサと葦の音
頬をなでるうら寂しい風
積もる黄色の松葉を踏みながら
冬にさしかかる丘で夢の中のあなたを考えます。

## 구름

하얗게 반사되는 구름 위의 카펫트
뛰어내리면 포근히 감싸줄 것만 같은
폭신한 느낌을 주는 석양의 귀로.

광활한 평원과 양떼의 대초원.
끝없이 이어지며 무한히 펼쳐지는
높낮은 산들의 변화하는 수채화.

너무나도 웅장하고 변화무쌍하여
저절로 경건한 마음이 우러나는
태고적 부터의 신비스런 광경

이렇게 아름다운 대자연 속에
조물주의 무한한 권능을 보면서
어린 마음으로 그대를 생각합니다.

자갈밭을 달리는 자동차를 연상하며
구름속 흔들리는 기체에 맡긴 지금
눈을 감은 채 그댈 그려합니다.

명봉의 구름 서리던 날의 정경
안개낀 골짜기의 새하얀 순결에
행복을 느끼던 그날을 회상하며….

# 雲

白い反射される雲の上のカーペット
飛び降りれば暖かく包んでくれるような
ふんわりとした感じの夕陽の帰路。

広々とした平原と羊の群れの大草原
限りなく続き無限に広がる
高低の山々の変化する水彩画。

あまりにも雄大で変化無双で
自ずから敬虔な心に滲み出る
太古からの神秘な光景。

こんなに美しい大自然の中に
創造主の偉大な権能を見ながら
純粋な心であなたを思い出します。

砂利道を走る自動車を連想しながら
雲の中にゆれる機体に身を任せ
目を閉じたままあなたを懐かしみます。

名峰に雲の湧きあがった日の情景
霧のかかった谷間の真っ白な純潔に
幸福を感じた日のことを回想しながら

## 가을 사랑

사랑하는 그대와 함께
깊어가는 가을 길을
걷고 싶습니다.

정열에 불타던 여름날 꿈이
단풍으로 물드는 가을길을
그대와 호젓이 걷고 싶습니다.

무성하던 잎새들의 사랑 노래가
추억길로 접어든 가을길을
그대와 둘이서 걷고 싶습니다.

떨어지는 낙엽을 밟으며
우리의 사랑을 노래하며
한없이 한없이 걷고 싶습니다.

그대의 행복한 노래를 들으며
그대의 즐거운 이야기에 귀 기울이며
그대의 기분좋은 웃음을 벗 삼으면서.

# 秋の恋

恋するあなたと一緒に
深まる秋の道を
歩きたいのです。

情熱に燃える夏の日の夢が
紅葉として蘇り
きれいに彩(いろど)られた山野を見ています。

生い茂って通い合った
青葉たちの夢の歌も
今は思い出の道をたどっています。

落ちていく葉を踏みながら
われわれの愛を歌いながら
ずっと限りなく歩きたいのです。

あなたの幸せな歌に聞き入りほれながら
あなたの楽しい話に耳を澄ましながら
あなたの気持ちいい笑い声を友としながら

## 어두움이여

날으는 철새떼
불타는 저녁놀
찰싹이는 파도소리

적시는 그리움
아련한 그대
훌쩍 떠나고픈 충동

강물의 느릿한 흐름
산등성이의 평온함
어두움에 감싸이는 적막

이제 그만
조용히 휴식하는
자연의 태고적 리듬이여!

# 闇よ

飛ぶ渡り鳥の群れ
燃える夕焼け
岩に砕(くだ)けると波涛の音

心にしみる懐かしさ
おぼろげなあなた
ふっと旅立ちたい衝動

川のゆったりとした流れ
山の端の平穏さ
闇に覆われる静けさ

もうこれで
静かに休息する
自然の太古からのリズムよ!

## 사는 날까지

세월이 살같이 흘러
꿈에라도 얻고 싶었던
그렇게 아름다운 그대가
사랑하는 나의 사람이 되고

연민하던 계절만큼이나
애들이 자란 지금에도
나는 그대를 사랑하고 있습니다.
그때 그 시절처럼!

두근거리는 사랑은 아닐지라도
화롯불처럼 따스한 가슴으로
없으면 안되는 산소 같은 존재입니다.
내 곁엔 그대가 필요합니다.

돌아보면 보석처럼 빛나던
그대와 나의 기막힌 사연은
서울을 놀라게 한 한편의 순애보입니다.
그것은 젊은 날의 드라마였습니다.

지금도 그대는 나의 소중한 사람
꽃피던 그 시절보다도
열매 맺는 계절의 원숙한 그대가
더욱 더 좋습니다.

언제나 싱그런 새로움으로
삶의 향기를 가득 채워가는 그대를
죽을 때까지 사랑하고 아낄 겁니다.
따스함과 존경하는 마음을 가지고!!

## 死ぬ日まで

歳月が矢のように過ぎ
夢に見た
そんなに美しいあなたが
愛する私の人になり

子供たちが育った今も
私はあなたを愛しています。
その時その季節のように

ドキドキする愛ではなくても
火鉢の温りのような暖かい胸で
なくてはならない空気のような存在です。
私のそばにはあなたが必要です。

振り返れば宝石のように輝いた
あなたと私の素晴らしい縁は
ソウルを驚かせた一遍の純愛詩です。
それは若い日のドラマでした。

今もあなたは私の大切な人
花咲いたその時節よりも
実を結ぶ季節のあなたが
もっともっと好きです。

いつもすがすがしい新しさで
生きる香気をいっぱいに満たすあなたを
死ぬまで愛しながら大事にします。
暖かさと尊敬の念をもって

## 흐르는 시간이여!

몇 만년, 몇 억년의 태고적 부터
반복되어져 내려온 시간의 흐름이여.

동으로부터 오는 이시간은
동에 사는 이들의 존재를 알게하고,
지금이라는 이 시간은
서에 사는 이들에게 이어져 가고.

1초, 1초 그리고 1초…
이 귀중한 시간의 흐름 속에서
웃고 울고 그리워하고,
그런 속에서도 시간은
소리없이 서쪽으로 서쪽으로 흘러만 간다.

아, 어찌하여 흐르는 시간은
생명이 있는 모든 것에게
어느 일정한 시간만 존재케 하고
연기처럼 그렇게 사라지게 하는 것일까?

생각해보면
「음차(音叉)」와도 같은 시간 속의 생명이여!

"과거로부터 미래로 크게 퍼져나가
웅장하게 공명하고 잔잔한 여운을 남기며
스러져 가는 그런…"

경건한 찬미가처럼 웅대하고 심오하여
한없는 아름다움을 느끼게 하는
잡을 수 없는 시간이여!

아, 불가사이한 조물주의 오묘한 섭리여!
영원히 끊이지 않고
이어지는 흐르는 시간이여!

## 流れる時間よ!

何万年、何憶年の太古から
反復されて下りてきた時間の流れよ。

東から来るこの時間は
東に住む人たちの存在を知らせて
今というこの時間は
西に住む人たちにつながって行き。

一秒、一秒そして一秒…
その貴重な時間の流れの中で
笑ったり泣いたり懐かしんだり。
そんな中でも時間は
音もなく西へ西へと流れて行く。

どうして流れる時間は
生命がある全てのモノに
ある一定の時間だけ存在させ
煙のように消えてなくなるようにするのだろうか?

考えてみれば
「音叉」のような時間の中の生命よ！

過去から未来に大きく広がり
雄壮に共鳴しては穏やかな餘韻を残しながら
消え失せていくそんな…

敬虔な讃美歌のように雄大で奥深く
限りない美しさを感じさせる
推し量れない時間よ！

不可解な創造主の妙(たえ)なる摂理よ！
永遠に終わらず
続いていく流れるの時間よ！